HIRAGANA y KATAKANA
¡DESDE CERO!

George Trombley
Yukari Takenaka
Hugo Canedo

Hiragana y Katakana ¡Desde Cero!

Métodos probados para aprender kana con libro de ejercicios integrado.

Distribución

Distribuido en el Reino Unido y Europa por:
Bay Language Books Ltd.
Unit 4, Kingsmead, Park Farm,
Folkestone, Kent. CT19 5EU, Inglaterra
sales@baylanguagebooks.co.uk

Distribuido en Estados Unidos, Canada y México por:
From Zero LLC.
1930 Village Center Cir #3-7559
Las Vegas, NV 89134, EUA
sales@fromzero.com

Prefacio

Japonés ¡Desde Cero! Es una serie de libros de japonés construida sobre gramática comprensible. Hiragana y Katakana ¡Desde Cero! es un libro adicional a esta serie, para personas que están aprendiendo hiragana y katakana de forma independiente, o utilizarán libros que requieran aprender hiragana y katakana antes de empezar.

Dedicatoria

Este libro está dedicado y hecho para:

Amantes de la cultura japonesa, aprendices del idioma japonés, personas que ven doramas y anime, principiantes de japonés, fans del JPOP, personas con ascendencia japonesa conectando con su historia y ¡cualquier persona que planeé viajar a Japón!

"Viví en Japón por nueve años y he estado casado con mi esposa japonesa, Yukari, por 20 años, cuando empezamos a escribir la serie de libros *Japonés ¡Desde Cero!*, fue debido a la frustración que nuestros estudiantes y nosotros, teníamos con los libros de japonés disponibles en el mercado. Yo sentía que eran muy rápidos, muy lentos, o muy complicados. El idioma japonés ha enriquecido mi vida en gran medida, y escribir estos libros fue una forma de expresar mi sincera apreciación a todo lo que Japón y el idioma japonés pueden ofrecer"
- George Trombley

Todos en el equipo de *Japonés ¡Desde Cero!* ¡Te deseamos éxito en tu camino hacia la fluidez en japonés, y esperamos que este libro sea un sólido primer paso!

Copyright

Hiragana y Katakana ¡Desde Cero!

– CONTENIDO –

0 | Lección 0:
Acerca de este libro

● 0-1. Acerca de los Autores

Por más de 20 años, George Trombley, trabajó como intérprete de Japonés. Interpretando para clientes japoneses en corporaciones como Microsoft, IBM, NTT, DoCoMo, Lucent y en países alrededor de América del Norte, Asia, Europa y el Medio Oriente.

En 1998, Trombley y su esposa, Yukari Takenaka, formaron una escuela de japonés en Las Vegas, Nevada. A través de los años, las clases en vivo formaron las bases para la serie de libros *Japonés ¡Desde Cero!*, y los cursos en la página web FromZero.com

Hugo Hans Canedo Valdés es un políglota y traductor de nacionalidad mexicana, con experiencia internacional en educación en idiomas.

● 0-2. ¡Escribe en Este Libro!

Este libro es la herramienta que te ayudará a que todo lo que aprendas ¡se te quede! Aprender japonés es trabajo duro, así que queremos que tu conocimiento dure para siempre. Los libros *¡Desde Cero!* están diseñados para ser libros de ejercicios interactivos, en donde puedes hacer notas personales, agregar nuevas palabras o frases por tu cuenta, y desarrollar tus habilidades de escritura desde el nivel ilegible (así empezamos todos) hasta el nivel experto.

Cada vez que escribes en este libro, estás haciendo tu conexión al idioma japones un poco más fuerte – ¡Te lo aseguramos!

Ganbatte kudasai!

George Trombley
Yukari Takenaka
Hugo Canedo

A
Las Bases A:
Guía de Pronunciación

A | ¿Por qué aprender Hiragana?

Es importante saber lo poderoso que será tu japonés si además de hablar, eres capaz de leer y escribir. Aprender a leer y escribir japonés le da a tu cerebro un turbo impulso en la comprensión del idioma.

Primero te presentaremos rápidamente los sistemas de escritura japonesa.

A | Sistemas de Escritura Japonesa

Hay tres sistemas de escritura japonesa:

- Hiragana (pronunciado "ji-rá-ga-na)
- Katakana (pronunciado "ka-tá-ka-na")
- Kanji (pronunciado "kán-chlli")

Los kanjis son caracteres chinos, cada uno tiene un significado específico. Muchos kanjis pueden tener múltiples significados y pueden ser leídos de diferentes maneras. Los sistemas hiragana y katakana son caracteres fonéticos (sonidos) derivados de los kanjis. Cada uno de estos caracteres representa un sonido y no tienen significado por sí solos.

Los tres sistemas se usan para escribir el japonés. El hiragana y el kanji se utilizan en conjunto para formar palabras propias del japonés. El katakana se utiliza mayormente para representar palabras de origen extranjero o cualquier palabra adoptada que no es originalmente japonesa.

En la vida cotidiana se utilizan estos tres sistemas en todo tipo de medios de comunicación, más un cuarto sistema llamado *romaji* (pronunciado ró-ma-chlli), que es una representación de los sonidos del japonés con letras del alfabeto romano, que son las que usamos en el español y que estás leyendo ahora mismo.

Antes de aprender hiragana, necesitarás saber cómo se representan los sonidos japoneses en el alfabeto romano. Esta lección te enseñará como se pronuncia el japonés. ¡Empecemos!

A | Pronunciación del Japonés

Cualquiera puede sonar grandioso al hablar japonés. El idioma español tiene miles de posibles combinaciones de sonidos, el japonés por su parte tiene muchísimas menos. Un poco más de 100 combinaciones de sonidos son todo lo necesario para hablar japonés.

● A-1. Vocales Normales

Las vocales en el español y el japonés utilizan EXACTAMENTE los mismos sonidos, la única diferencia, es que las vocales en japonés tienen un orden alfabético distinto.
El japonés ordena las vocales como a, i, u, e, o.

Ahora veamos algunos de los sonidos que componen el idioma japonés, observa que son sílabas y no letras individuales. Se pronuncian igual que en español.

ka, ki, ku, ke, ko	ma, mi, mu, me, mo
ba, bi, bu, be, bo	na, ni, nu, ne, no

● A-2. Romaji

El romaji es el sistema utilizado para representar los sonidos del idioma japonés con letras del abecedario romano (las que estas leyendo ahora mismo).

Aunque el romaji representa los sonidos del japonés usando las letras que usamos en el español, no sigue TODAS las mismas reglas de pronunciación. Hay algunas excepciones que debes tener en cuenta para que tu pronunciación en japonés sea excelente.
Si lo necesitas, vuelve a esta lección después para reforzar.

H en Romaji
La letra **h** en romaji nunca es muda, siempre se pronuncia como la "j" en español, pero de forma suave. (Igual que la "h" en inglés)

En romaji se escribe	Pronunciación	Ejemplo	Pronunciación
ha, hi, hu, he, ho	*ja, ji, ju, je, jo*	**hon** (libro)	*jon*

SH en Romaji
Las letras **sh** en romaji, producen el sonido que se usa al pronunciar palabras como "show" o "flash".

En romaji se escribe	Pronunciación	Ejemplo	Pronunciación
sha, shi, shu, sho	*sha, shi, shu, sho*	**shiro** (blanco)	*shiro*

R en Romaji

La **r** en romaji, es solo **ere**, se pronuncia de forma suave como en la palabra "pera".
El sonido de la **erre** no existe en japonés, ni siquiera al principio de una palabra.

En romaji se escribe	Pronunciación	Ejemplo	Pronunciación
ra, ri, ru, re, ro	*ra, ri, ru, re, ro* (ere)	**ringo** (manzana)	*ringo* (ere)

Y en Romaji

La letra **y** en romaji se pronuncia como la letra i en español.

En romaji se escribe	Pronunciación	Ejemplo	Pronunciación
ya, yu, yo	*ia, iu, io*	**yon** (cuatro)	*ion*

G en Romaji

La letra **g** en romaji siempre se pronuncia como en las palabras "gustar" y "golpe", sin importar que vocal le siga. (La 'g' del romaji nunca sonará como la 'j' del español).

En romaji se escribe	Pronunciación	Ejemplo	Pronunciación
ga, gi, gu, ge, go	*ga, gui, gu, gue, go*	**genkai** (limite)	*guenkai*

J en Romaji

La letra **j** en romaji se pronuncia articulando un sonido de 'ch' inicial seguido del sonido de la 'll' (doble ele). (Igual que la "j" en inglés).

En romaji se escribe	Pronunciación	Ejemplo	Pronunciación
ja, ji, ju, jo	*chlla, chlli, chllu, chllo*	**jitensha** (bicicleta)	*chllitensha*

Z en Romaji

La letra **z** en romaji se pronuncia haciendo un sonido vibratorio al pronunciar la letra "s", similar al zumbido de una abeja. (Igual que la 'z' en inglés).

En romaji se escribe	Pronunciación	Ejemplo	Pronunciación
za, zu, ze, zo	*dtsa, dtsu, dtse, dtso*	**zurui** (sigiloso)	*dtsurui*

● A-3. Vocales Dobles

En japonés es común encontrar palabras con vocales dobles, en las cuales los sonidos se alargan. Por ejemplo, en algunas palabras verás un sonido como KA seguido de una A, o NE seguido de E, etc., para alargar el sonido.

Algunos libros representan el sonido alargado con una línea recta sobre la vocal a alargar. Este método puede ayudar verbalmente, pero no es útil a la hora de aprender a leer y escribir japonés. En **Kana ¡Desde Cero!**, A, I, U, E y O, son añadidas al sonido a alargar, igual que los hiraganas son añadidos a las palabras cuando se escriben en japonés.

Observa los posibles sonidos de vocales largos.

ROMAJI	EJEMPLO
aa	ok**aa**san (madre)
ii	oj**ii**san (abuelo)
uu	k**uu**ki (aire)
ei, ee	on**ee**san (hermana mayor)
ou, oo	m**ou**fu (frazada)

PALABRAS EJEMPLO

kyoutsuu	común	otousan	padre
satou	azúcar	obaasan	abuela
heiwa	paz	sensou	guerra
yasashii	agradable	isogashii	ocupado

Las palabras escritas en katakana usan un "-" como "alargador" en lugar de una vocal repetida. Aprenderás más acerca del katakana en la lección 11.

ROMAJI	EJEMPLO
a-	ra-men (ramen)
i-	chi-zu (queso)
u-	oranu-tan (orangután)
e-	ke-ki (pastel)
o-	o-bun (horno)

● A-4. Sonidos Largos Versus Cortos

El significado de una palabra puede cambiar por el alargamiento de una sola sílaba.

EJEMPLOS

ie	casa
iie	no
obasan	tía
obaasan	abuela
ojisan	tío
oji̱isan	abuelo

● A-5. Consonantes Dobles

Algunas palabras en japonés utilizan sonidos de consonantes dobles. Las consonantes dobles como 'kk', 'pp', 'tt' y 'cch' deben ser estresadas más que una consonante individual para dar el significado correcto de una palabra.

EJEMPLOS

roku	número seis
rokku	rock (género)
uta	canción
utta	vender (en tiempo pasado)
mata	otra vez
matta	esperar (en tiempo pasado)

Otra forma de pensar en el sonido que producen las consonantes dobles es colocar un acento imaginario en la vocal que antecede a una consonante doble.

EJEMPLOS

roku	número seis
rókku	rock (género)
uta	canción
útta	vender (en tiempo pasado)
mata	otra vez
mátta	esperar (en tiempo pasado)

Nota: Esta es solo una forma de ejemplificar el sonido, los acentos no existen en japonés.

1 Lección 1:
Hiragana あいうえお

1 | Un Poco de Historia れきし

El Hiragana fue creado por un monje budista hace más de 1200 años (D.C. 774-835). En aquel tiempo, se creía que a las mujeres no debía permitírseles aprender los muy complejos kanjis. Después de que el hiragana les fuera introducido, las mujeres fueron capaces de expresarse de manera escrita. Es gracias al hiragana que las mujeres fueron autores de los primeros trabajos publicados en Japón.

Ejemplo de Caracteres del Hiragana

あかさたなはまやらわん

El Katakana fue creado utilizando porciones de kanjis, mientras que el hiragana, más redondeado, fue creado al simplificar kanjis. En japón, los niños aprenden primero el hiragana, después el katakana, y al final kanji. El hiragana, con solo 47 caracteres únicos puede representar todo el idioma japonés.

Ejemplos de Caracteres del Katakana

アカサタナハマヤラワン

El Kanji, por otro lado, consiste en más de 10,000 caracteres. En 1981 el Ministro de Educación Japonés anuncio la selección de 1,945 Kanjis, llamados "Joyou Kanji". Después de la publicación de esta lista, más kanjis han sido considerados como necesarios de aprender y han sido añadidos a la lista de los Joyou Kanjis. Hoy en día la lista consta de alrededor de 2136 Kanjis.

Ejemplos de Caracteres del Kanji

安加左太奈波末也良和毛

---

1 | La Meta ゴール

Cuando completes Hiragana ¡Desde Cero!, serás capaz de leer y escribir todos los símbolos que se muestran a continuación. Esta tabla se lee en el estilo tradicional japonés de arriba a abajo y de derecha a izquierda.

Lee de arriba a abajo y de derecha a izquierda

わ wa	ら ra	や ya	ま ma	ぱ pa	ば ba	は ha	な na	だ da	た ta	ざ za	さ sa	が ga	か ka	あ a
	り ri		み mi	ぴ pi	び bi	ひ hi	に ni	ぢ ji	ち chi	じ ji	し shi	ぎ gi	き ki	い i
を wo	る ru	ゆ yu	む mu	ぷ pu	ぶ bu	ふ fu	ぬ nu	づ zu	つ tsu	ず zu	す su	ぐ gu	く ku	う u
	れ re		め me	ぺ pe	べ be	へ he	ね ne	で de	て te	ぜ ze	せ se	げ ge	け ke	え e
ん n	ろ ro	よ yo	も mo	ぽ po	ぼ bo	ほ ho	の no	ど do	と to	ぞ zo	そ so	ご go	こ ko	お o

1 | Cómo Funciona Este Libro

Hiragana ¡Desde Cero! usa nuestro SISTEMA PROGRESIVO para enseñar hiragana. Conforme aprendas nuevos hiraganas, iremos reemplazando las letras romanas (romaji) con los hiraganas que hayas aprendido. Por ejemplo, en esta lección aprendemos あいうえお, desde ese punto en adelante, cualquier palabra que contenga esos hiraganas EXACTOS será escrita con ellos.

Español	Antes de esta lección	Después de esta lección	Hiragana completo
tú	anata	あnata	あなた
perro	inu	いnu	いぬ
casa	ie	いえ	いえ
madre	okaasan	おkaあsan	おかあさん

NOTA: Este libro nunca mostrará un hiragana de forma parcial (¡ningún libro lo haría!). Por ejemplo, el *ka* en "madre" nunca aparecerá como kあ porque el hiragana entero es か. (aprenderás か en la lección 2).

1 Bases de Escritura かくときの きほん

● 1-1. ¿Qué es un trazo?

Se le denomina trazo a cada segmento (líneas y curvas) que se forma en una sola interacción entre el lápiz (o cualquier otro instrumento de escritura) y el papel, sin levantar la mano.

● 1-2. ¿Por qué usar pinceles para escribir?

Tradicionalmente, el japonés era escrito con pinceles. Este libro - y casi cualquier otro libro que enseña escritura japonesa - usa el estilo de escritura con pincel para los caracteres japoneses. El estilo de escritura con pincel representa de la mejor manera como deben escribirse los caracteres japoneses.

● 1-3. Diferentes tipos de trazos con pincel

Hay tres diferentes tipos de trazos. Para el fácil entendimiento de estos, los hemos llamado, desvanecido, detenido y gancho desvanecido.

Ya sea que escribas con pincel, bolígrafo o lápiz, asegúrate de poner atención al tipo de trazo. Esto asegurará que tu caligrafía sea ordenada y apropiada.

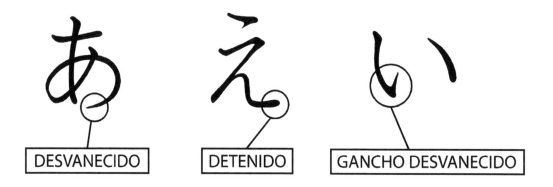

DESVANECIDO   DETENIDO   GANCHO DESVANECIDO

Si tu maestro es japonés, tal vez usará los nombres japoneses de los tipos de trazo:

- Desvanecido – harai (harau)
- Detenido – tome (tomeru)
- Gancho desvanecido – hane (haneru)

1 Hiraganas Nuevos あたらしい ひらがな

Los cinco primeros hiraganas a aprender son los siguientes. Nota los diferentes tipos de trazo. Asegúrate de aprender el orden correcto de los trazos y el tipo de trazo.

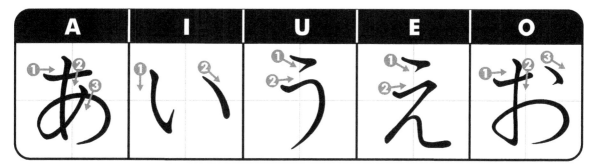

1 Estilos Varios スタイル

Observa los posibles estilos que hay para los hiraganas de esta lección. Escribe cada símbolo lo más ordenado que puedas, después, compáralos con los diferentes estilos a continuación.

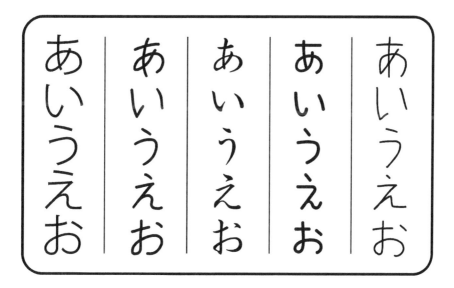

1 | Puntos de Escritura かく ポイント

● 1-4. La importancia de los estilos variados.

Es importante siempre estudiar diferentes estilos para cada caracter en la sección de **Estilos Varios** de cada lección, para saber qué está permitido hacer a la hora de escribir cada caracter. Recuerda que hay pequeñas diferencias en como luce un caracter escrito con pincel, a como luce uno escrito con bolígrafo o lápiz.

● 1-5. La diferencia entre あ (a) y お (o)

Ten cuidado de no confundir あ con お, el segundo trazo de あ es curvo, mientras que el segundo trazo de お es recto de arriba abajo hasta volverse curvo.

Más curvo
que お
y separado
de la curva.

Más recto
que あ
y conectado
a la curva.

● 1-6. Escribiendo de izquierda a derecha y de arriba a abajo.

Antes de la segunda guerra mundial, las publicaciones en japonés eran escritas con cada línea yendo de arriba hacia abajo como se muestra en el estilo 2 a continuación. En el japón moderno, ambos estilos son comunes. Muchas veces el estilo utilizado es únicamente una preferencia de diseño, y en algunos casos (como al escribir un correo electrónico) solo se puede usar el estilo 1. Muchos libros de escritura japonesa para niños usan el estilo 2. Aunque *Hiragana y Katakana ¡Desde Cero!* Utiliza solamente el estilo 1, ambos estilos son aceptables.

Estilo 1

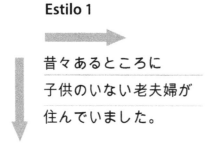

昔々あるところに
子供のいない老夫婦が
住んでいました。

Estilo 2

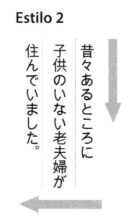

昔々あるところに
子供のいない老夫婦が
住んでいました。

1 | Práctica de Escritura れんしゅう

Para practicar el orden correcto de los trazos, primero remarca sobre los caracteres en gris, después escribe seis veces cada caracter como ejercicio.

a	あ	あ						
i	い	い						
u	う	う						
e	え	え						
o	お	お						

1 | Palabras Que Puedes Escribir かける ことば

Escribe las siguientes palabras en cada recuadro usando los hiraganas que acabas de aprender. Esta es una gran forma de incrementar tu vocabulario japonés.

え (una pintura)

いい (bueno)

おい (sobrino)

あい (amor)

えい (pez raya)

いいえ (no)

おおい (muchos)

あう (conocer)

うえ (arriba)

いう (decir)

いえ (casa)

あお (azul)

1 Palabras de Uso Diario en Hiragana にちじょうの ことば

あkachan
bebé

いnu
perro

うshi
vaca

kaえru
rana

おkoru
enojar

うchuう
espacio

1 Práctica de Palabras ことばの れんしゅう

En la sección de Práctica de Palabras de este libro, rellenarás los hiraganas apropiados en las
líneas de cada palabra. El romaji de abajo de la línea te dirá que hiragana debe ser escrito.

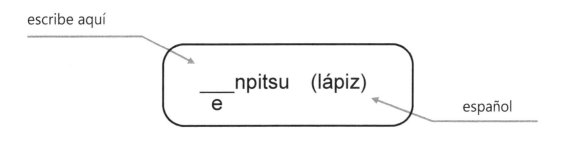

escribe aquí

___npitsu   (lápiz)
e

español

1. __ka__san   (madre)
    o   a

2. __ __ (casa)
    i e

3. __to__san (padre)
       o   u

4. __ka__ (rojo)
       a   i

5. __mo__to (hermana menor)
       i   u

6. ka__ (comprar)
       u

7. __sagi (conejo)
      u

8. __npitsu (lápiz)
       e

9. __ne__san (hermana mayor)
       o   e

10. __moshiro__ (interesante)
       o   i

11. __su (silla)
      i

12. __kiru (despertar)
       o

1 | Une Los Puntos Hiragana ひらがな マッチング

Conecta los puntos entre cada hiragana y el romaji correcto.

お・	・a
う・	・o
え・	・u
い・	・e
あ・	・i

1 | Clave de Respuestas こたえあわせ

Práctica de Palabras (clave)

1. おkaあsan
2. いえ
3. おtoうsan
4. あkaい
5. いmoうto
6. kaう
7. うsagi
8. えnpitsu
9. おneえsan
10. おmoshiroい
11. いsu
12. おkiru

Une los Puntos (clave)

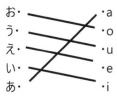

お・　　　　・a
う・　　　　・o
え・　　　　・u
い・　　　　・e
あ・　　　　・i

1 | **Hoja de Práctica de Hiragana れんしゅう**

あ	あ						
い	い						
う	う						
え	え						
お	お						
あ	あ						
い	い						
う	う						
え	え						
お	お						

2

Lección 2:
Hiragana かきくけこ

2 | Hiraganas Nuevos あたらしい ひらがな

Usar el orden correcto de los trazos significa caracteres más ordenados al escribir rápido.

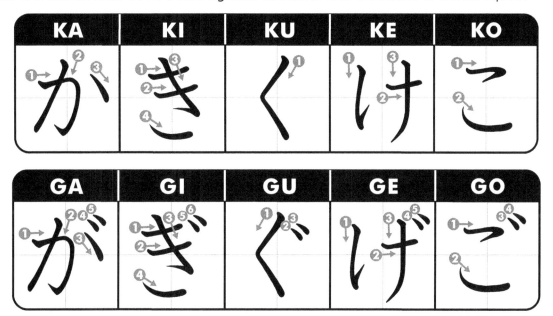

2 | Estilos Varios スタイル

Observa los posibles estilos que hay para los hiraganas de esta lección. Escribe cada símbolo lo más ordenado que puedas, después, compáralos con los diferentes estilos a continuación.

かきくけこ　かきくけこ　かきくけこ　かきくけこ　かきくけこ

がぎぐげご　がぎぐげご　がぎぐげご　がぎぐげご　がぎぐげご

2 | Puntos de Escritura かく ポイント

● 2-1. El dakuten

La única diferencia entre **ka ki ku ke ko** y **ga gi gu ge go** son los dos pequeños trazos con forma de comillas en la esquina superior derecha. Esos trazos se llaman **dakuten**. Verás más de ellos en futuras lecciones.

● 2-2. Escribiendo が (ga) de forma correcta.

Al momento de agregar el **dakuten** al hiragana か (ka) para convertirlo en が (ga), asegúrate de que las líneas del dakuten sean más cortas que el tercer trazo. El tercer trazo de が siempre debe ser más largo que el dakuten.

● 2-3. Las diferentes versiones de き (ki)

Tal vez notaste en la sección de Estilos Varios de esta lección que hay dos versiones de ki. Es tu elección que versión usar. Verás ambas versiones en Japón.

Esta versión tiene cuatro trazos, es muy común al escribir. Muchos japoneses escriben utilizando esta versión.

Esta versión tiene combinados el tercer y el cuarto trazo. Es muy común en materiales impresos como libros y revistas.

● 2-4. Espacios en japonés

El japonés normalmente no utiliza espacios. Cuando una oración está escrita utilizando los tres sistemas de escritura, es fácil identificar en donde empiezan y terminan las palabras gracias al kanji. Pero, debido a que estamos usando una mezcla de romaji y hiragana por ahora, usamos espacios para hacer las oraciones más fáciles de leer. Esta serie de libros irá poco a poco removiendo los espacios conforme aprendas más.

2 | Práctica de Escritura れんしゅう

ka	か	か						
ki	き	き						
ku	く	く						
ke	け	け						
ko	こ	こ						

ga	が	が						
gi	ぎ	ぎ						
gu	ぐ	ぐ						
ge	げ	げ						
go	ご	ご						

2 | Palabras Que Puedes Escribir かける ことば

Escribe las siguientes palabras en cada recuadro usando los hiraganas que acabas de aprender. Esta es una gran forma de incrementar tu vocabulario japonés.

き (árbol)

かく (escribir)

いか (calamar)

かぎ (llave)

かお (cara)

かい (concha)

あか (rojo)

ごご (tarde)

がいこく (el extranjero)

おおきい (grande)

くうこう (aeropuerto)

2 Palabras de Uso Diario en Hiragana にちじょうの ことば

tsuき
luna

けいtaいdenwa
celular

かぎ
llave

choきn baこ
alcancía

かく
escribir

suいか
sandía

2 | Práctica de Palabras ことばの れんしゅう

Escribe el hiragana correcto en las líneas de cada palabra.

1. __いろ (amarillo)
   <u>ki</u>

2. __ __ (escuchar)
   <u>ki</u> <u>ku</u>

3. __minari (rayo)
   <u>ka</u>

4. __う__n (fuerza aérea)
   <u>ku</u> <u>gu</u>

5. __ __ (moho)
   <u>ko</u> <u>ke</u>

6. い__ (ir)
   <u>ku</u>

7. __mushi (oruga)
   <u>ke</u>

8. __う__う (aeropuerto)
   <u>ku</u> <u>ko</u>

9. __nいro (plateado)
   <u>gi</u>

10. __n'ni__ (músculo)
    <u>ki</u> <u>ku</u>

11. __ __ (tarde)
    <u>go</u> <u>go</u>

12. __おri (hielo)
    <u>ko</u>

2 | Une Los Puntos Hiragana ひらがな マッチング

Conecta los puntos entre cada hiragana y el romaji correcto.

き ・	・ i
い ・	・ go
く ・	・ ka
か ・	・ ki
え ・	・ ku
ご ・	・ ke
け ・	・ e

2 | Clave de Respuestas こたえ あわせ

Práctica de Palabras (clave)

1. きいro
2. きく
3. かˊminari
4. くうぐn
5. こけ
6. いく
7. けmushi
8. くうこう
9. ぎnいro
10. きn'niく
11. ごご
12. こおri

Une los Puntos (clave)

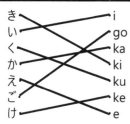

2 | **Hoja de Práctica de Hiragana れんしゅう**

か	か						
き	き						
く	く						
け	け						
こ	こ						
が	が						
ぎ	ギ						
ぐ	ぐ						
げ	げ						
ご	ご						

3 | Lección 3:
Hiragana さしすせそ

3 | Hiraganas Nuevos あたらしい ひらがな

Usar el orden correcto de los trazos significará caracteres más ordenados al escribir rápido.

3 | Estilos Varios スタイル

Observa los posibles estilos que hay para los hiraganas de esta lección. Escribe cada símbolo lo más ordenado que puedas, después, compáralos con los diferentes estilos a continuación.

さしすせそ　さしすせそ　さしすせそ　さしすせそ　さしすせそ

ざじずぜぞ　ざじずぜぞ　ざじずぜぞ　ざじずぜぞ　ざじずぜぞ

3 | Puntos de Escritura かく ポイント

● **3-1. Las diferentes versiones de さ (sa) y そ (so)**

Tal vez te diste cuenta en la sección de Estilos Varios de esta lección que hay varias versiones de *sa* y de *so*. Puedes escribir cualquier versión que quieras, siempre y cuando sea legible.

Diferentes versiones de さ (sa)	
さ	Esta versión tiene tres trazos y es muy común en escritura manuscrita. La mayoría de los japoneses usan esta versión al escribir.
さ	Esta versión tiene el segundo y tercer trazo combinados en un solo trazo, es muy común en texto impreso.

Diferentes versiones de そ (so)	
そ	Esta versión tiene dos trazos y es muy común en escritura manuscrita. Muchas personas japonesas escriben usando esta versión.
そ	Esta versión es similar a la versión de arriba, a excepción de que el primer y segundo trazo se tocan.
そ	Esta versión tiene solo un trazo y es muy común en texto impreso. También es aceptable para escribir a mano.

3 | Práctica de Escritura れんしゅう

sa	さ	さ						
shi	し	し						
su	す	す						
se	せ	せ						
so	そ	そ						

za	ざ	ざ						
ji	じ	じ						
zu	ず	ず						
ze	ぜ	ぜ						
zo	ぞ	ぞ						

3 | Palabras Que Puedes Escribir かける ことば

しか (venado)

すし (sushi)

すずしい (fresco)

おそい (lento/tarde)

あし (piernas/pies)

いす (silla)

すき (gustar)

すうじ (número)

すいか (sandía)

せかい (mundo)

かず (números)

うし (vaca)

3 | Palabras de Uso Diario en Hiragana にちじょうの ことば

ずbon
pantalones

しnbun
periódico

tsuくえ
escritorio

さmuい
frío

waくせい
planeta

すし
sushi

3 | Práctica de Palabras ことばの れんしゅう

Escribe el hiragana correcto en las líneas de cada palabra.

1. mura___き (morado)
        sa

2. ___ ___ (apuntar)
    sa su

3. ___ ro (blanco)
    shi

4. ___tsugyoう (graduación)
    so

5. ___ ___ (sushi)
    su shi

6. ___かn (tiempo)
    ji

7. ___ ru (mono)
    sa

8. お___い___n (abuelo)
      ji   sa

9. あ___ (sudor)
     se

10. あn___n (seguridad)
       ze

11. ___う (elefante)
    zo

12. げn ___ い (actualmente)
        za

3 | Une Los Puntos Hiragana ひらがな マッチング

Conecta los puntos entre cada hiragana y el romaji correcto.

す・	・za
し・	・su
え・	・ku
こ・	・shi
ざ・	・i
あ・	・e
く・	・ko
い・	・a

3 | Clave de Respuestas こたえ あわせ

Práctica de Palabras (clave)

1. muraさき
2. さす
3. しro
4. そtsugyoう
5. すし
6. じかn
7. さru
8. おじいさn
9. あせ
10. あnぜn
11. ぞう
12. げnざい

Une los Puntos (clave)

す・	・za
し・	・su
え・	・ku
こ・	・shi
ざ・	・i
あ・	・e
く・	・ko
い・	・a

3 | Hoja de Práctica de Hiragana れんしゅう

さ	さ						
し	し						
す	す						
せ	せ						
そ	そ						
ぜ	ぜ						
じ	じ						
ず	ず						
ぜ	ぜ						
ぞ	ぞ						

4 Lección 4:
たちつてと & だじずでど

4 | Hiraganas Nuevos あたらしい ひらがな

Usar el orden correcto de los trazos significará caracteres más ordenados al escribir rápido.

TA	CHI	TSU	TE	TO

DA	JI	ZU	DE	DO

4 | Estilos Varios スタイル

Observa los posibles estilos que hay para los hiraganas de esta lección. Escribe cada símbolo lo más ordenado que puedas, después, compáralos con los diferentes estilos a continuación.

たちつてと たちつてと たちつてと たちつてと たちつてと

だぢづでど だぢづでど だぢづでど だぢづでど だぢづでど

4 | Puntos de Escritura かく ポイント

● 4-1. Las Consonantes Dobles

Las consonantes dobles (kk, pp, tt, cch) se estresan haciendo una ligera pausa antes de la consonante. Para representarlas en hiragana se utiliza un pequeño つ.*El つ pequeño siempre se coloca frente al hiragana que necesita ser duplicado.

> **EJEMPLOS**
>
> | | | |
> |---|---|---|
> | Escuela | gakkou | がっこう |
> | Revista | zasshi | ざっし |
> | Estampilla Postal | kitte | きって |

* Asegúrate de escribir el つ más pequeño, para evitar confusiones con un つ normal.

● 4-2. Análisis del sonido de las dobles consonantes

Si observas la onda Sonora de una palabra con una doble consonante, notarás una pausa o un espacio visible antes de la consonante. Observa los siguientes ejemplos.

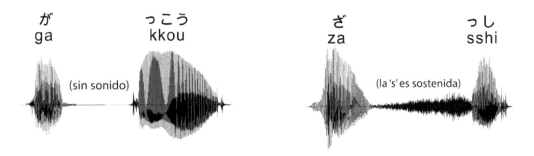

● 4-3. ¿Qué versión de *zu* y *ji* debe ser usada?

Hay dos versiones de *zu* y *ji*. El primer par lo enseñamos en la Lección 3 y el segundo par se enseña en esta lección. ず y じ de la Lección 3 son las versiones más comúnmente utilizadas. づ y ぢ son usadas sólo en algunas palabras, como en **はna**ぢ (hemorragia nasal), **ちぢmu** (encoger), y つづく (continuar).

Conforme aprendas más vocabulario, pon atención al hiragana utilizado cuando veas estos dos sonidos. Si no estás seguro de qué versión usar, prueba con ず y じ y el 90% de las veces estarás en lo correcto.

4 | Puntos de Escritura かく ポイント

ta	た	た						
chi	ち	ち						
tsu	つ	つ						
te	て	て						
to	と	と						

da	だ	だ						
ji	ぢ	ぢ						
zu	づ	づ						
de	で	で						
do	ど	ど						

4 | Palabras Que Puedes Escribir かける ことば

ただ (gratis)

つぎ (siguiente)

ちず (mapa)

かど (esquina)

ちち (papá)

たつ (parar)

ざっし (revista)

きって (estampilla)

あつい (caliente)

たいいく (educación física)

とおい (lejos)

4 | Palabras de Uso Diario en Hiragana にちじょうの ことば

でnしrenji
microondas

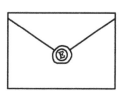

honだna
librero

fuうとう
sobre

て
mano

たmaご
huevos

くつした
calcetines

4   Práctica de Palabras ことばの れんしゅう

Escribe el hiragana correcto en las líneas de cada palabra.

1. wa___し   (yo)
      ta

2. ___ ___   (gratis, sin cargo)
     ta da

3. ___ ___   (estar levantado)
    ta tsu

4. ___ ___ぜn   (súbitamente)
    to tsu

5. ___ ___mu   (encoger)
   chi ji

6. ___ ___ ___う   (ayudar)
    te tsu da

7. い___い   (doloroso)
      ta

8. お___うさn   (padre)
      to

9. hana___   (hemorragia nasal)
         ji

10. いき___mari   (callejón sin salida)
         do

11. ___nwa   (teléfono)
    de

12. ___く   (llegar)
    tsu

4   Une Los Puntos Hiragana ひらがな マッチング

Conecta los puntos entre cada hiragana y el romaji correcto.

```
て ·                    · tsu
つ ·                    · da
さ ·                    · chi
ち ·                    · te
す ·                    · u
ぢ ·                    · ji
う ·                    · sa
だ ·                    · su
```

4 │ Clave de Respuestas こたえ あわせ

Práctica de Palabras (clave)

1. waたし
2. ただ
3. たつ
4. とつぜn
5. ちぢmu
6. てつだう
7. いたい
8. おとうさn
9. hanaぢ
10. いきどmari
11. でnwa
12. とどく

Une los Puntos (clave)

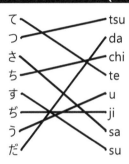

4 | **Hoja de Práctica de Hiragana れんしゅう**

た	た						
ち	ち						
つ	つ						
て	て						
と	と						
だ	だ						
ぢ	ぢ						
づ	づ						
で	で						
ど	ど						

5 Lección 5:
Hiragana なにぬねの

5 Hiraganas Nuevos あたらしい ひらがな

Usar el orden correcto de los trazos significará caracteres más ordenados al escribir rápido.

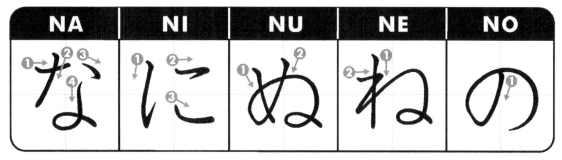

5 Estilos Varios スタイル

Observa los posibles estilos que hay para los hiraganas de esta lección. Escribe cada símbolo lo más ordenado que puedas, después, compáralos con los diferentes estilos a continuación.

なにぬねの
なにぬねの
なにぬねの
なにぬねの
なにぬねの

5 | Práctica de Escritura れんしゅう

na	な	な						
ni	に	に						
nu	ぬ	ぬ						
ne	ね	ね						
no	と	と						

5 | Palabras de Uso Diario en Hiragana にちじょうの ことば

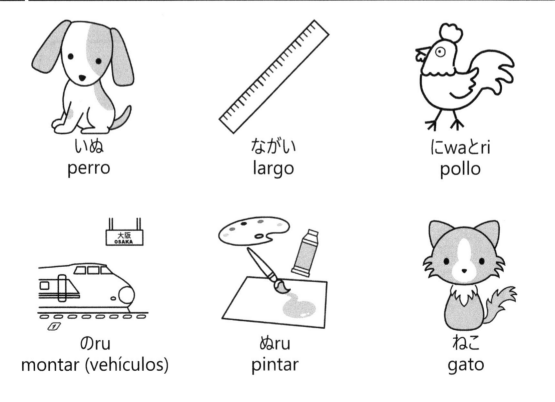

いぬ
perro

ながい
largo

にwaとri
pollo

のru
montar (vehículos)

ぬru
pintar

ねこ
gato

5 | Palabras Que Puedes Escribir かける ことば

なに (qué)

ねこ (gato)

なな (siete)

にし (oeste)

なつ (verano)

あなた (tú)

ねつ (verano)

いぬ (perro)

のど (garganta)

かに (cangrejo)

にっき (diario)

にく (carne)

にじ (arcoíris)

5 | Práctica de Palabras ことばの れんしゅう

Escribe el hiragana correcto en las líneas de cada palabra.

1. __つ (verano)
   na

2. __hon (Japón)
   ni

3. __こ (gato)
   ne

4. yo__か (en medio de la noche)
   na

5. __ mu (tomar)
   no

6. __ru (dormir)
   ne

7. __ __ (¿Qué?)
   na ni

8. __いぐrumi (peluche)
   nu

9. __がい (amargo)
   ni

10. お__えさn (hermana mayor)
    ne

11. __ぐ (quitarse la ropa)
    nu

12. __ru (montar)
    no

5 | Une Los Puntos Hiragana ひらがな マッチング

Conecta los puntos entre cada hiragana y el romaji correcto.

な・	・no
の・	・ni
か・	・ta
す・	・na
ぬ・	・ka
ね・	・nu
に・	・ne
た・	・su

5 | Clave de Respuestas こたえ あわせ

Práctica de Palabras (clave)

1. なつ
2. にhon
3. ねこ
4. yoなか
5. のmu
6. ねru
7. なに
8. ぬいぐrumi
9. にがい
10. おねえさn
11. ぬぐ
12. のru

Une los Puntos (clave)

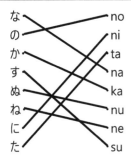

な — na
の — no
か — ka
す — su
ぬ — nu
ね — ne
に — ni
た — ta

5 | **Hoja de Práctica de Hiragana れんしゅう**

な	な						
に	に						
ぬ	ぬ						
ね	ね						
の	の						
な	な						
に	に						
ぬ	ぬ						
ね	ね						
の	の						

6 Lección 6: Hiragana はひふへほ

6 Hiraganas Nuevos あたらしい ひらがな

Usar el orden correcto de los trazos significará caracteres más ordenados al escribir rápido.

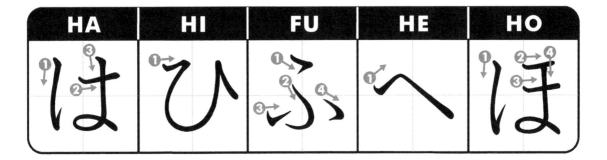

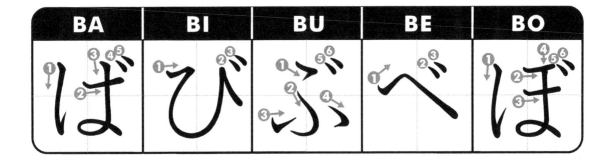

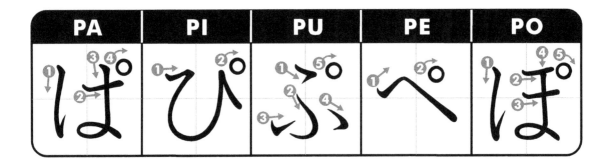

6 | Estilos Varios スタイル

Observa los posibles estilos que hay para los hiraganas de esta lección. Escribe cada símbolo lo más ordenado que puedas, después, compáralos con los diferentes estilos a continuación.

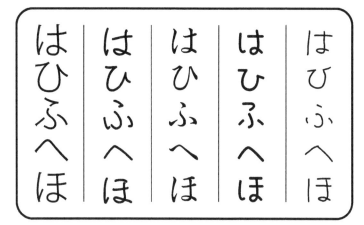

6 | Puntos de Escritura かく ポイント

● 6-1. ¿Qué es ese círculo?

Los hiraganas *pa pi pu pe po* se hacen agregando un círculo en el área en donde normalmente iría el *dakuten*. El círculo debe ser escrito en el sentido de las manecillas del reloj y siempre debe ser el último trazo. La mayoría de los japoneses se refieren a él como *maru* que significa "círculo". Su nombre oficial es *handakuten*.

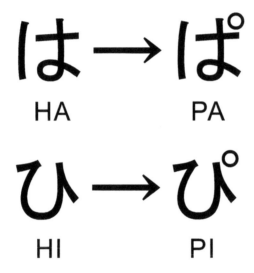

は→ぱ
HA   PA

ひ→ぴ
HI   PI

● 6-2. ¿Por qué ふ no se escribe *HU*?

Japonés ¡Desde Cero! Representa ふ como *FU* en lugar de *HU* en romaji.
Las personas japonesas algunas veces representarán ふ como *HU* en romaji, sin embargo, la pronunciación de ふ es más cercana a *FU*. El sonido de la F en ふ debe pronunciarse de una forma un poco más ligera que el sonido de una F en español.

● 6-3. La forma sencilla de escribir ふ (fu)

ふ tiende a ser difícil de escribir, pero hay una forma sencilla: conecta los primeros dos trazos a lo que se asemeja a un número "3".

la versión del 3   Versiones de Fuentes Reales

6 | Práctica de Escritura れんしゅう

ha	は	は						
hi	ひ	ひ						
hu	ふ	ふ						
he	へ	へ						
ho	ほ	ほ						

ba	ば	ば						
bi	び	び						
bu	ぶ	ぶ						
be	べ	べ						
bo	ぼ	ぼ						

pa	ぱ	ぱ						
pi	ぴ	ぴ						
pu	ぷ	ぷ						
pe	ぺ	ぺ						
po	ぽ	ぽ						

6   Usos Especiales とくべつな つかいかた

● 6-4. El marcador de tema は (wa)

Un marcador de tema en japonés identifica el sujeto de una oración. El marcador de tema "wa" se escribe usando el caracter は (ha) y nunca puede escribirse usando el caracter わ (wa), En todas las otras situaciones, は (ha) siempre es leído como "ha".

> **ORACIONES EJEMPLO**
>
> 1. あなたは (wa) だれ ですか。　　　¿Quién eres tú?
> 2. Bananaは (wa) きいろ です。　　　Los plátanos son amarillos.

● 6-5. El marcador de dirección へ (e)

El marcador de dirección "e" se escribe usando el caracter へ (he) y nunca puede escribirse usando el caracter え (e). En cualquier otra situación, へ (he) siempre es leído como "he".

NOTA: Este punto de gramática es cubierto en *Japonés ¡Desde Cero! 1*.

> **ORACIONES EJEMPLO**
>
> 1. がっこうへ (e) いきます。　　　Voy hacia la escuela.
> 2. とうkyoうへ (e) いきます。　　　Voy hacia Tokio.

6 | Palabras Que Puedes Escribir かける ことば

はし (palillos chinos)

へそ (ombligo)

ひと (gente)

しっぽ (cola)

とうふ (tofu)

はっぱ (hoja)

ほっぺ (cachetes)

ぼうし (sombrero)

きっぷ (boleto)

はなび (fuegos)

6 | Palabras de Uso Diario en Hiragana にちじょうの ことば

ひsho
secretaria

ふくroう
búho

おばけ
monstruo

ほうたい
venda

はしru
correr

てっぽう
pistola

6 | Práctica de Palabras ことばの れんしゅう

Escribe el hiragana correcto en las líneas de cada palabra.

1. ___ ru   (primavera)
   ha

2. ___ ruご___ n   (almuerzo)
   hi   ha

3. ___ yu   (invierno)
   fu

4. ___ いwa   (paz)
   he

5. え___ n   (libro de imágenes)
     ho

6. がn___ru   (dar lo mejor)
       ba

7. ___ な ___   (fuegos artificiales)
   ha   bi

8. かmi___くro   (bolsa de papel)
        fu

9. ___とme___re   (amor a primera vista)
   hi   bo

10. くra___ru   (comparar)
         be

11. ___ ___な   (chispa)
    hi ba

12. えn___つ   (lápiz)
         pi

6 | Une Los Puntos Hiragana ひらがな マッチング

Conecta los puntos entre cada hiragana y el romaji correcto.

ふ・	・pi
ぺ・	・pe
ぜ・	・bo
ぼ・	・gi
は・	・fu
た・	・ze
ぴ・	・ta
ぎ・	・ha

6 | Clave de Respuestas こたえ あわせ

Práctica de Palabras (clave)

1. はru
2. ひruごはn
3. ふyu
4. へいwa
5. えほn
6. がnばru
7. はなび
8. かmiぶくro
9. ひとmeぼre
10. くraべru
11. ひばな
12. えnぴつ

Une los Puntos (clave)

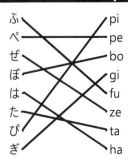

6 | Hoja de Práctica de Hiragana れんしゅう

は	は						
ひ	ひ						
ふ	ふ						
へ	へ						
ほ	ほ						
ば	ば						
び	び						
ぶ	ぶ						
べ	べ						
ぼ	ぼ						

ぱ	ぱ						
ぴ	ぴ						
ぶ	ぶ						
ぺ	ぺ						
ぽ	ぽ						

7 Lección 7: Hiragana まみむめも

7 | Hiraganas Nuevos あたらしい ひらがな

Usar el orden correcto de los trazos significará caracteres más ordenados al escribir rápido.

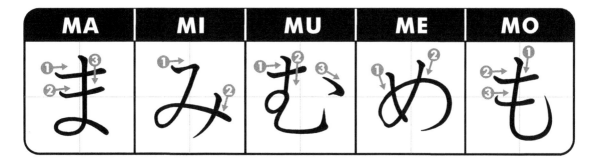

MA	MI	MU	ME	MO
ま	み	む	め	も

7 | Estilos Varios スタイル

Observa los posibles estilos que hay para los hiraganas de esta lección. Escribe cada símbolo lo más ordenado que puedas, después, compáralos con los diferentes estilos a continuación.

まみむめも　まみむめも　まみむめも　まみむめも　まみむめも

7 | Práctica de Escritura れんしゅう

ma	ま	ま				
mi	み	み				
mu	む	む				
me	め	め				
mo	も	も				

7 | Palabras de Uso Diario en Hiragana にちじょうの ことば

yoむ
leer

のみもの
bebida

しつもn
pregunta

なみだ
lágrimas

うま
caballo

あめ
dulce

7 | Palabras Que Puedes Escribir かける ことば

まど (ventana)

もも (durazno)

むし (insecto)

かみ (papel)

だめ (no, no es bueno)

みせ (tienda)

あたま (cabeza)

まじめ (serio)

さしみ (sashimi)

むすこ (hijo)

むすめ (hija)

ものさし (regla de medir)

みじかい (corto)

7 | Práctica de Palabras ことばの れんしゅう

Escribe el hiragana correcto en las líneas de cada palabra.

1. ___ri (bosque)
    mo

2. ___ ___じ (hoja de maple)
    mo mi

3. ___ri (imposible)
    mu

4. ___だつ (sobresalir)
    me

5. ___ru (ver)
    mi

6. ___がね (lentes; gafas)
    me

7. たべ___の (comida)
        mo

8. ___ ___ru (proteger)
    ma mo

9. の___ ___の (bebida)
    mi mo

10. ___しあつい (húmedo)
    mu

11. ___ほう (magia)
    ma

12. ___ ___ ず (gusano de tierra)
    mi mi

7 | Une Los Puntos Hiragana ひらがな マッチング

Conecta los puntos entre cada hiragana y el romaji correcto.

に ·   · mu
む ·   · mi
も ·   · nu
ぬ ·   · ni
み ·   · o
ま ·   · mo
お ·   · me
め ·   · ma

7 | Clave de Respuestas こたえ あわせ

Práctica de Palabras (clave)

1. メ–ru アドreス
2. メイク
3. モ–ター
4. マnガ
5. ハムサnド
6. ミサイru
7. マットreス
8. ナトriウmu
9. アruミ
10. マナーモード
11. モ–ru
12. メnバー

Une los Puntos (clave)

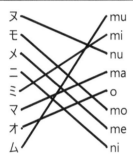

ヌ — mu
モ — mi
メ — nu
ニ — ma
ミ — o
マ — mo
オ — me
ム — ni

7 | **Hoja de Práctica de Hiragana れんしゅう**

ま	ま					
み	み					
む	む					
め	め					
も	も					
ま	ま					
み	み					
む	む					
め	め					
も	も					

8 Lección 8:
Hiragana やゆよわをん

8 | Hiraganas Nuevos あたらしい ひらがな

Asegúrate de aprender el orden correcto de los trazos.

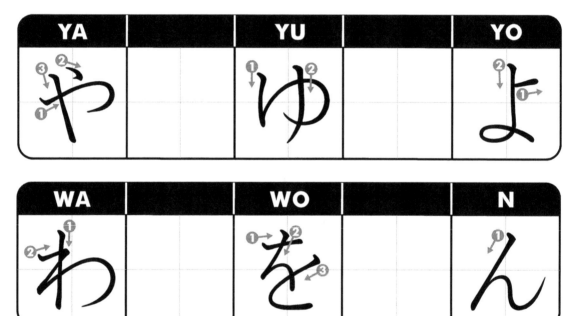

8 | Estilos Varios スタイル

Observa los posibles estilos que hay para los hiraganas de esta lección. Escribe cada símbolo lo más ordenado que puedas, después, compáralos con los diferentes estilos a continuación.

8 Práctica de Escritura れんしゅう

Remarca sobre los caracteres en gris, después escribe seis veces cada carácter como ejercicio.

ya	や	や						
yu	ゆ	ゆ						
yo	よ	よ						
wa	わ	わ						
wo	を	を						
n	ん	ん						

8 Usos Especiales とくべつな つかいかた

● 8-1. La Partícula を (wo)

El hiragana を se usa solamente como una partícula (marcador de objeto). Nunca se utiliza con ningún otro propósito. Aunque "wo" normalmente se pronuncia como "o", no se puede utilizar el hiragana お (o) para reemplazar a を a la hora de escribir, aunque su sonido sea casi igual.

> **ORACIONES EJEMPLO**
> 1. てがみを (wo) かきます。   Voy a escribir una carta.
> 2. えんぴつを (wo) ください。   Dame un lápiz, por favor.

Nota: Este punto de gramática es cubierto en *Japonés ¡Desde Cero! 1*

8 | Palabras Que Puedes Escribir かける ことば

わに (lagarto)

わに (azotea)

ゆび (anillo)

ゆうべ (anoche)

わかめ (alga)

こんや (esta noche)

かんたん (fácil)

うわさ (rumor)

ゆびわ (anillo)

8 | Palabras de Uso Diario en Hiragana にちじょうの ことば

たいよう
sol

うわぎ
chamarra

ゆかた
yukata

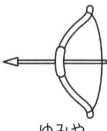

ゆみや
arco y flecha

かわかす
secar

じてんsha
bicicleta

8   Práctica de Palabras ことばの れんしゅう

Escribe el hiragana correcto en las líneas de cada palabra.

1. __raう (reír)
   wa

2. だいこ__ (rábano)
   n

3. みず__のむ (tomar agua)
   wo

4. __ruい (malo)
   wa

5. __たし (yo)
   wa

6. ほ__ __かう (comprar un libro)
   n   wo

7. こ__ __ (esta noche)
   n   ya

8. __すreru (olvidar)
   wa

9. えいが __みru (ver una película)
   wo

10. き__ぞく (metal)
    n

11. か__た __ (fácil)
    n   n

12. すし__たべru (comer sushi)
    wo

8   Une Los Puntos Hiragana ひらがな マッチング

Conecta los puntos entre cada hiragana y el romaji correcto.

は ・   ・ yu
よ ・   ・ to
ゆ ・   ・ n
わ ・   ・ wo (o)
と ・   ・ ha
や ・   ・ wa
を ・   ・ yo
ん ・   ・ ya

8 | Clave de Respuestas こたえ あわせ

Práctica de Palabras (clave)

1. わraう
2. だいこん
3. みずを のむ
4. わruい
5. わたし
6. ほんを かう
7. こんや
8. わすreru
9. えいがを みru
10. きんぞく
11. かんたん
12. すしを たべru

Une los Puntos (clave)

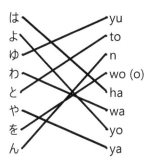

8 | Hoja de Práctica de Hiragana れんしゅう

や	や						
ゆ	ゆ						
よ	よ						
わ	わ						
を	を						
ん	ん						

9 Lección 9: Hiragana らりるれろ

9 | Hiraganas Nuevos あたらしい ひらがな

Asegúrate de aprender el orden correcto de los trazos.

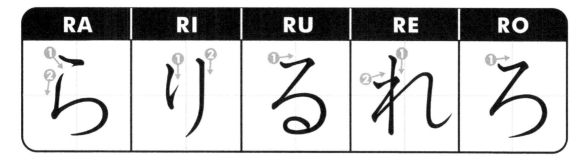

RA	RI	RU	RE	RO
ら	り	る	れ	ろ

9 | Estilos Varios スタイル

Observa los posibles estilos que hay para los hiraganas de esta lección. Escribe cada símbolo lo más ordenado que puedas, después, compáralos con los diferentes estilos a continuación.

ら	ら	ら	ら	ら
り	り	り	り	り
る	る	る	る	る
れ	れ	れ	れ	れ
ろ	ろ	ろ	ろ	ろ

9 | Puntos de Escritura かく ポイント

● **9-1. Las diferentes versiones de り (ri)**

Tal vez notaste en la sección de Estilos Varios de esta lección que hay dos versiones de **ri**. Es tu elección que versión usar. Verás ambas versiones en Japón.

> り
>
> Esta versión tiene dos trazos y es común al escribir.
> Muchos japoneses escriben usando esta versión.
>
> Aquí el primero y segundo trazos están combinados.
> Esta es una elección de estilo y depende de la fuente usada.
>
> り

9 | Práctica de Escritura れんしゅう

Para practicar el orden correcto de los trazos, primero remarca sobre los caracteres en gris, después escribe seis veces cada carácter como ejercicio.

ra	ら	ら					
ri	り	り					
ru	る	る					
re	れ	れ					
ro	ろ	ろ					

9 | Palabras Que Puedes Escribir かける ことば

りか (ciencia)

よる (noche)

れい (ejemplo)

まる (círculo)

こおり (hielo)

あひる (pato)

かえる (rana)

りんご (manzana)

べんり (conveniente)

ひだり (izquierda)

みずいろ (azul cielo)

きいろ (amarillo)

ろうそく (vela)

きる (mono)

9 | Palabras de Uso Diario en Hiragana にちじょうの ことば

ねる
dormir

いくら
hueva de salmon
salada

くすり
medicina

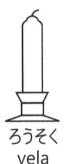

ろうそく
vela

かれい
platija

かみなり
trueno; rayo

9 | Más palabras que puedes escribir かける ことば

Debes practicar escribiendo estas palabras cinco veces como mínimo. No solo estarás practicando los nuevos hiraganas, también aprenderás nuevas palabras.

らんぼう	violencia	こんらん	confusión
あらし	tormenta	れんらく	contacto
かみなり	trueno; rayo	どろぼう	ladrón
どんぐり	bellota	ろうじん	persona de la tercera edad
れいぞうこ	refrigerador	らくがき	grafiti
りゅう	una razón	ろうか	pasillo
かいろ	calentadores de manos	わすれもの	objeto olvidado
めじるし	punto de referencia	めずらしい	raro (adj.)

9   Práctica de Palabras ことばの れんしゅう

Escribe el hiragana correcto en las líneas de cada palabra.

1. あた＿＿しい (nuevo)
   ra

2. し＿＿ (saber)
   ru

3. ＿＿んあい (amor; romance)
   re

4. ＿＿んご (manzana)
   ri

5. みせ＿＿ (mostrar)
   ru

6. ＿＿んshuう (práctica)
   re

7. べん＿＿ (conveniente)
   ri

8. う＿＿おい (humedad)
   ru

9. かく＿＿んぼ (las escondidas)
   re

10. どう＿＿ (camino)
    ro

11. ＿＿うか (pasillo)
    ro

12. まわ＿＿みち (desviación)
    ri

9   Une Los Puntos Hiragana ひらがな マッチング

Conecta los puntos entre cada hiragana y el romaji correcto.

る ・	・ ru
し ・	・ shi
り ・	・ re
ろ ・	・ i
ぬ ・	・ ro
れ ・	・ ra
い ・	・ nu
ら ・	・ ri

9 | Clave de Respuestas こたえ あわせ

Práctica de Palabras (clave)

1. あたらしい
2. しる
3. れんあい
4. りんご
5. みせる
6. れんshuう
7. べんり
8. うるおい
9. かくれんぼ
10. どうろ
11. ろうか
12. まわりみち

Une los Puntos (clave)

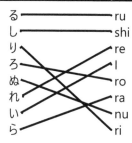

る ——————— ru
し ——————— shi
り   re
ろ   l
ぬ   ro
れ   ra
い   nu
ら   ri

9 │ Hoja de Práctica de Hiragana れんしゅう

ら	ら						
り	り						
る	る						
れ	れ						
ろ	ろ						
ら	ら						
り	り						
る	る						
れ	れ						
ろ	ろ						

10 Lección 10:
Hiraganas Compuestos

¡Los hiraganas finales son sencillos! Solamente quedan 33 hiraganas oficiales por aprender – pero no dejes que ese número te asuste, todos están formados por hiraganas que ya conoces. Solo con observarlos, deberías tener una idea del sonido que representan.

EJEMPLOS

き (ki)   +   や (ya)   =   きゃ (kya)

し (shi)   +   ゆ (yu)   =   しゅ (shu)

ち (chi)   +   よ (yo)   =   ちょ (cho)

---

10 | Puntos de Escritura かく ポイント

● **10-1. La forma correcta de escribir los hiraganas compuestos.**

Al escribir hiraganas compuestos, asegúrate de que el Segundo caracter sea visiblemente más pequeño que el primer caracter.

ro–maji	correcto	incorrecto
mya	みゃ	みや
ryo	りょ	りよ
chu	ちゅ	ちゆ
kya	きゃ	きや
pya	ぴゃ	ぴや

● 10-2. Hiraganas Compuestos

Los siguientes son los hiraganas compuestos. Se crean usando los hiraganas que ya conoces, así que no debes tener ningún problema aprendiéndolos.

きゃ	きゅ	きょ		ひゃ	ひゅ	ひょ
kya	kyu	kyo		hya	hyu	hyo
ぎゃ	ぎゅ	ぎょ		びゃ	びゅ	びょ
gya	gyu	gyo		bya	byu	byo
しゃ	しゅ	しょ		ぴゃ	ぴゅ	ぴょ
sha	shu	sho		pya	pyu	pyo
じゃ	じゅ	じょ		みゃ	みゅ	みょ
ja	ju	jo		mya	myu	myo
ちゃ	ちゅ	ちょ		りゃ	りゅ	りょ
cha	chu	cho		rya	ryu	ryo
にゃ	にゅ	にょ				
nya	nyu	nyo				

10 | Práctica de Escritura れんしゅう

Para practicar el orden correcto de los trazos, primero remarca sobre los caracteres en gris, después escribe seis veces cada carácter como ejercicio.

KYA — きゃ

KYU — きゅ

KYO — きょ

GYA	ぎゃ						
GYU	ぎゅ						
GYO	ぎょ						

GYA	ぎゃ						
GYU	ぎゅ						
GYO	ぎょ						

JA	じゃ						
JU	じゅ						
JO	じょ						

CHA	ちゃ						
CHU	ちゅ						
CHO	ちょ						

NYA	にゃ							
NYU	にゅ							
NYO	にょ							

HYA	ひゃ							
HYU	ひゅ							
HYO	ひょ							

BYA	びゃ							
BYU	びゅ							
BYO	びょ							

PYA	ぴゃ							
PYU	ぴゅ							
PYO	ぴょ							

MYA みゃ								
MYU みゅ								
MYO みょ								

RYA りゃ								
RYU りゅ								
RYO りょ								

10 | Palabras Que Puedes Escribir かける ことば

ちょう (mariposa)

きゅう (nueve)

びょうき (enfermedad)

じゅう (diez)

りゅう (dragon)

ぎゃく (reversa)

みようじ (apellido)

しゅうり (reparación)

きよく (canción)

きょうと (Kioto)

りょこう (viaje)

かいしゃ (compañía)

でんしゃ (tren)

きんぎょう (pez dorado)

ちゃわん (tazón)

10 | Más palabras que puedes escribir かける ことば

おきゃくさん	un cliente o un invitado	しゅじゅつ	cirugía
じょうだん	un chiste, una broma	じゅうたん	alfombra
かいじゅう	un monstruo	はっぴょう	un anuncio

10 | Palabras de Uso Diario en Hiragana にちじょうの ことば

ちきゅうぎ
globo terráqueo

しゅう
estado

おちゃ
té

べんきょう
estudio

ちゅうしゃ
inyección

しゅうり
reparar

10 Práctica de Palabras ことばの れんしゅう

Escribe el hiragana correcto en las líneas de cada palabra.

1. とう___く (llegada)
    cha

2. さん ___ く(trescientos)
    bya

3. と ___ かん (librería)
    sho

4. ___ う ___う (leche de vaca)
    gyu   nyu

5. さん ___ く (cordillera)
    mya

6. ___ うばい (negocio; comercio)
    sho

7. ___ うたん (alfombra)
    ju

8. でん___ う (voucher)
    pyo

9. ___ うだい (hermanos)
    kyo

10. ___ う___ う (dinosaurio)
    kyo   ryu

11. ___ うがく (estudiar en el extranjero)
    ryu

12. ___ うどん (tazón de res)
    gyu

10 Une Los Puntos Hiragana ひらがな マッチング

Conecta los puntos entre cada hiragana y el romaji correcto.

ぎゅ ・	・ nyu
みょ ・	・ shu
しゅ ・	・ rya
びょ ・	・ ja
りゃ ・	・ myo
ちょ ・	・ pyo
じゃ ・	・ cho
にゅ ・	・ gya

10 Clave de Respuestas こたえ あわせ

Práctica de Palabras (clave)

1. とうちゃく
2. さんびゃく
3. としょかん
4. ぎゅうにゅう
5. さんみゃく
6. しょうばい
7. じゅうたん
8. でんぴょう
9. きょうだい
10. きょうりゅう
11. りゅうがく
12. ぎゅうどん

Une los Puntos (clave)

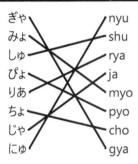

10 | **Hoja de Práctica de Hiragana れんしゅう**

きゃ	きゃ								
きゅ	きゅ								
きょ	きょ								
ぎゃ	ぎゃ								
ぎゅ	ぎゅ								
ぎょ	ぎょ								
しゃ	しゃ								
しゅ	しゅ								
しょ	しょ								
じゃ	じゃ								
じゅ	じゅ								
じょ	じょ								

ちゃ	ちゃ							
ちゅ	ちゅ							
ちょ	ちょ							
にゃ	にゃ							
にゅ	にゅ							
にょ	にょ							
ひゃ	ひゃ							
ひゅ	ひゅ							
ひょ	ひょ							
びゃ	びゃ							
びゅ	びゅ							
びょ	びょ							

ぴゃ	ぴゃ								
ぴゅ	ぴゅ								
ぴょ	ぴょ								
みゃ	みゃ								
みゅ	みゅ								
みょ	みょ								
りゃ	りゃ								
りゅ	りゅ								
りょ	りょ								

11 Lección 11:
Siguiente Paso: Katakana

11 Siguiente Paso: Katakana

¡Felicidades por haber aprendido hiragana!
Aquí hay unos tipos para reforzar lo que has aprendido:

¡Usemos hiragana en nuestra vida diaria!
Escribe palabras en hiragana en notas adhesivas, y luego pégalas en objetos alrededor de tu casa, puedes incluso escribir しお y こしょう en tu salero y pimentero con un marcador. Esto forzará el uso del hiragana incluso cuando no lo estés pensando.

¡Lee Manga!
Algunos mangas (cómics japoneses) y libros para niños tienen pequeños hiraganas junto a cualquier kanji usado en la narración, cuando el hiragana se usa de este modo se le llama "furigana". Busca mangas que contenga furigana para ayudar a tu estudio. ¡Es como leer japonés con llantas entrenadoras!

¡Sigue aprendiendo!
Has llegado hasta aquí, así que sigue avanzando.
¡Tu siguiente paso es aprender katakana!

11 | ¿Por qué aprender Katakana?

Nuevas palabras son constantemente agregadas al idioma Japonés para cubrir las nuevas invenciones como los celulares inteligentes, el internet, nuevos productos etc.
Muchas de estas palabras son "prestadas" de otros idiomas o a veces creadas al combinar dos palabras. Estas nuevas palabras y otras palabras que no están disponibles originalmente en el japonés se representan utilizando el sistema de escritura katakana.

Estos grupos de palabras son normalmente escritas en katakana:

- palabras de origen extranjero   -nombres extranjeros
- nombres de países y ciudades   -nombres de productos
- nombres de compañías   -plantas y animales
- palabras técnicas y científicas   -palabras para énfasis especial
- onomatopeyas

● 11-1. Sonidos Alargados

En el katakana, las vocales alargadas se representan con un "yokobou", que significa "línea horizontal". Cuando el katakana es escrito de arriba abajo, la línea se llama "tatebou", que significa "línea vertical". Muchas personas japonesas llaman a esta línea solamente "bou", que significa "línea". Cuando veas un "bou" después de uno de los caracteres del katakana, recuerda alargar el sonido.

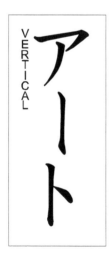

VERTICAL
アート

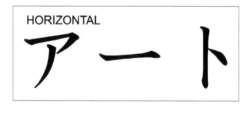

HORIZONTAL
アート

En *Hiragana y Katakana ¡Desde Cero!* empezaremos desde ahora a usar el "bou" para alargar sonidos. Veamos algunas palabras de tecnología comunes que contienen sonidos alargados.

PALABRAS EJEMPLO

1. konpyu–ta–   computadora
2. monita–   monitor
3. inta–netto   internet
4. heddofo–n   audífonos
5. ki–bo–do   teclado
6. suma–to fo–n   smartphone

● 11-2. Sonidos largos versus sonidos cortos

El sonido alargado puede cambiar el significado de las palabras completamente.

EXAMPLES

kora	¡hey! (Palabra japonesa)
ko–ra–	cola (refresco de cola) (palabra extranjera)
bin	botella (palabra japonesa)
bi–n	frijol (palabra extranjera)
pasu	camino (palabra extranjera)
pa–su	bolsa (palabra extranjera)

● 11-3. Cómo funciona este libro

Hiragana y Katakana ¡Desde Cero! utiliza el sistema progresivo de ¡Desde Cero! para enseñar kana. Conforme aprendas nuevos katakanas, reemplazaremos inmediatamente las letras romanas (romaji) con los katakanas que hayas aprendido. Por ejemplo, después de que aprendas オ (que se pronuncia "o"), lo usaremos en las palabras ejemplo.

tú	anata	あnata	あなた
perro	inu	いnu	いぬ
cebolla	onion	オniオn	オニオン
dueño	o–na–	オ—na—	オーナー

● 11-4. ¿Puedo simplemente decir las palabras en inglés?

La respuesta corta es "no". Aunque muchas de las palabras prestadas vienen del inglés, necesitas usar la pronunciación japonesa para ser entendido, es mejor considerar estas palabras como palabras japonesas.

12 Lección 12:
Katakana アイウエオ

Cuando completes *Hiragana y Katakana ¡Desde Cero!* serás capaz de leer y escribir todos los símbolos siguientes y unos cuantos más.

46 katakanas estándar

ア a	カ ka	サ sa	タ ta	ナ na	ハ ha	マ ma	ヤ ya	ラ ra	ワ wa
イ i	キ ki	シ shi	チ chi	ニ ni	ヒ hi	ミ mi		リ ri	
ウ u	ク ku	ス su	ツ tsu	ヌ nu	フ fu	ム mu	ユ yu	ル ru	ヲ wo
エ e	ケ ke	セ se	テ te	ネ ne	ヘ he	メ me		レ re	
オ o	コ ko	ソ so	ト to	ノ no	ホ ho	モ mo	ヨ yo	ロ ro	ン n

25 katakanas alterados

ガ ga	ザ za	ダ da		バ ba	パ pa		
ギ gi	ジ ji	ヂ ji		ビ bi	ピ pi		
グ gu	ズ zu	ヅ zu		ブ bu	プ pu		
ゲ ge	ゼ ze	デ de		ベ be	ペ pe		
ゴ go	ゾ zo	ド do		ボ bo	ポ po		

12 | Katakanas Nuevos あたらしい カタカナ

Los cinco primeros katakanas a aprender son los siguientes. Nota los diferentes tipos de trazo. Asegúrate de aprender el orden correcto de los trazos y el tipo de trazo.

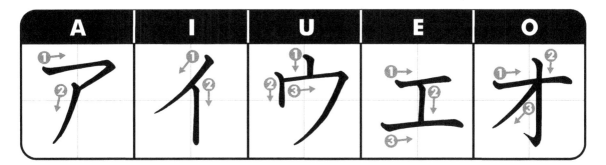

12 | Estilos Varios スタイル

Escribe cada símbolo de forma ordenada, después compáralos con las diferentes versiones.

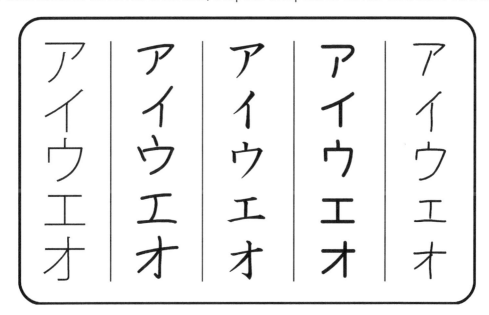

12 | La importancia de los estilos varios

Es importante siempre estudiar diferentes estilos para cada caracter en la sección de Estilos Varios de cada lección, para saber qué está permitido hacer a la hora de escribir cada caracter. Recuerda que hay pequeñas diferencias en como luce un caracter escrito con pincel, a como luce uno escrito con bolígrafo o lápiz.

12 | Puntos de Escritura かくポイント

● 12-1. Trazos continuos

Al escribir ア y ウ te darás cuenta de que dos de los trazos no tienen números de trazo. Estos no son trazos independientes, son una continuación del trazo anterior.

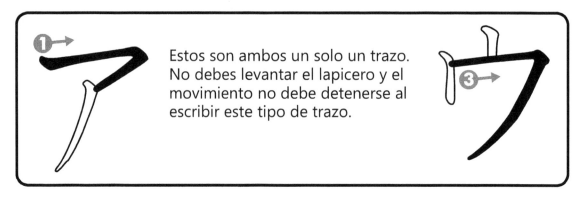

Estos son ambos un solo un trazo. No debes levantar el lapicero y el movimiento no debe detenerse al escribir este tipo de trazo.

● 12-2. Escribiendo de izquierda a derecha y de arriba a abajo.

Antes de la segunda guerra mundial, las publicaciones en japonés eran escritas con cada línea yendo de arriba hacia abajo como se muestra en el estilo 2 a continuación.

En el japón moderno, ambos estilos son comunes. Muchas veces el estilo utilizado es únicamente una preferencia de diseño, y en algunos casos (como al escribir un correo electrónico) solo se puede usar el estilo 1.

Muchos libros de escritura japonesa para niños usan el estilo 2. Aunque *¡Desde Cero!* utiliza solamente el estilo 1, ambos estilos son aceptables.

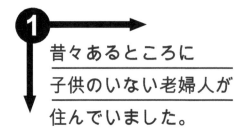

昔々あるところに
子供のいない老婦人が
住んでいました。

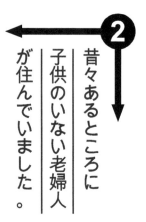

昔々あるところに
子供のいない老婦人
が住んでいました。

12 | Práctica de Escritura れんしゅう

Primero remarca sobre los caracteres en gris, luego escribe cada caracter seis veces.

a	ア	ア					
i	イ	イ					
u	ウ	ウ					
e	エ	エ					
o	オ	オ					

12 | Práctica de Palabras ことばの れんしゅう

En la sección de Práctica de Palabras de este libro, rellenarás los katakanas apropiados en las líneas de cada palabra. El romaji de abajo de la línea te dirá que katakana debe ser escrito. Nota que los "bou" para los sonidos alargados ya están incluidos.

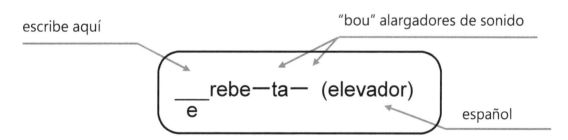

escribe aquí   "bou" alargadores de sonido

___rebe—ta— (elevador)
　e
　　　　　　　　　　　español

1. ___rebe—ta— (elevador)   2. ___nime (animación)
　　e　　　　　　　　　　　　　　　　　　a

3. ___ ___kon (aire acondicionado) 4. ___renji (naranja)
　　e　a　　　　　　　　　　　　　　　o

5. __ba__to (aproximadamente)
   a   u

6. __nku (tinta)
   i

7. __tari__n (italiano)
   i   a

8. __muretsu (omelet)
   o

9. __-pun (abierto)
   o

10. __ __nka- (direccional)
    u i

11. __-mondo (almendra)
    a

12. __ran (uranio)
    u

12 | Palabras Que Puedes Escribir かける ことば

Escribe las siguientes palabras usando los katakanas que acabas de aprender.

letra "e"

letra "a"

letra "o"

Francés para "sí" (oui)

letra "i"

aire

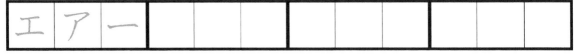

12 Une Los Puntos Katakana カタカナ マッチング

Conecta los puntos entre cada katakana y el romaji correcto.

エ・   ・i
ア・   ・u
オ・   ・o
イ・   ・a
ウ・   ・e

12 Palabras de Uso Diario en Katakana にちじょうの ことば

taオru
toalla

kuイzu
preguntas

エーsu
as

オniオn
cebolla

アイsu
helado

saイkoro
dado

12 | Clave de Respuestas こたえ あわせ

Práctica de Palabras (clave)

1. エrebe-ta-
2. アnime
3. エアkon
4. オrenji
5. アbaウto
6. インku
7. イtariアn
8. オmuretsu
9. オ-pun
10. ウインka-
11. アー mondo
12. ウran

Une Los Puntos Katakana (clave)

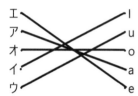

12 | Hoja de Práctica de Katakana れんしゅう

ア	ア						
ア	ア						
イ	イ						
イ	イ						
ウ	ウ						
ウ	ウ						
エ	エ						
エ	エ						
オ	オ						
オ	オ						

13 Lección 13:
Katakana カキクケコ

13 | Katakanas Nuevos あたらしい カタカナ

Usar el orden correcto de los trazos significará mejores caracteres al escribir rápido.

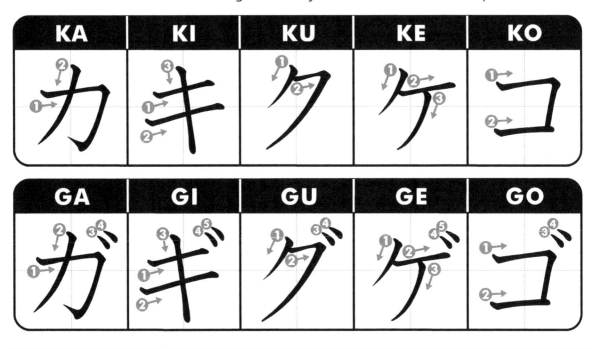

13 | Estilos Varios スタイル

Escribe cada símbolo de forma ordenada, después compáralos con las diferentes versiones.

13 Puntos de Escritura かくポイント

● 13-1. El dakuten

La única diferencia entre ka ki ku ke ko y ga gi gu ge go son los dos pequeños trazos con forma de comillas en la esquina superior derecha. Esos trazos se llaman *dakuten*.

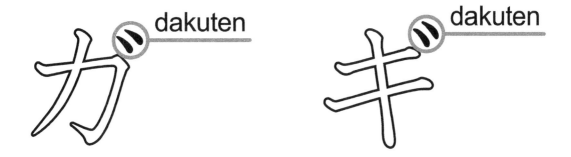

● 13-2. Escribiendo ク (ku) y ケ (ke) de la forma correcta

Pon atención al escribir ク y ケ ya que pueden ser fácilmente escritos de una forma en la que uno se vea como el otro.

Asegúrate de no
extender el primer trazo

El segundo trazo es
un trazo continuo.

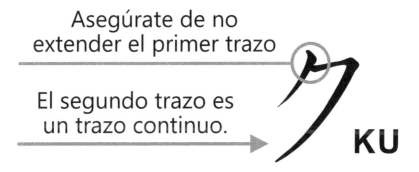

KU

El tercer trazo debe empezar
en la mitad del segundo trazo.

KE

13 | Práctica de Escritura れんしゅう

Primero remarca sobre los caracteres en gris, luego escribe cada caracter seis veces.

ka	カ	カ					
ki	キ	キ					
ku	ク	ク					
ke	ケ	ケ					
ko	コ	コ					

ga	ガ	ガ					
gi	ギ	ギ					
gu	グ	グ					
ge	ゲ	ゲ					
go	ゴ	ゴ					

13 | Práctica de Palabras ことばの れんしゅう

Rellena el katakana correcto en las líneas de cada palabra.

1. __–__ru (Google)
   gu gu

2. __mera (cámara)
   ka

3. アfuri__ (África)
   ka

4. __–hi– (café)
   ko

5. __chappu (cátsup)
   ke

6. baイrin__ru (bilingüe)
   ga

7. __reyon (crayón)
   ku

8. __sorin (gasolina)
   ga

9. bi__ni (bikini)
   ki

10. __ __baイto (gigabyte)
    gi ga

11. イ__risu (Inglaterra)
    gi

12. __–n (maíz)
    ko

13 | Palabras Que Puedes Escribir かける ことば

Escribe las siguientes palabras usando los katakanas que acabas de aprender.

llave

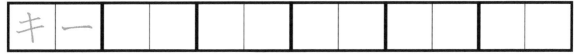

engrane

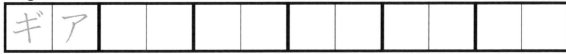

centro

コ	ア										

giga (byte)

ギ	ガ										

ego

エ	ゴ										

pastel

ケ	ー	キ						

roble, orco

オ	ー	ク						

Coca-Cola

コ	ー	ク						

cuidado

ケ	ア	ー						

cocoa

ゴ	ゴ	ア						

carga

カ	ー	ゴ									

kiwi

キ	ウ	イ									

Gaia

ガ	イ	ア									

Ikea (tienda)

イ	ケ	ア									

caqui

カ	ー	キ									

OK

オ	ー	ケ	ー								

chillido

キ	ー	ギ	ー								

13 | Une Los Puntos Katakana カタカナ マッチング

Conecta los puntos entre cada katakana y el romaji correcto.

ゲ·	·ke
キ·	·go
ク·	·e
ゴ·	·ki
エ·	·ku
カ·	·ge
ケ·	·ka

13 | Palabras de Uso Diario en Katakana にちじょうの ことば

カ−ten
cortina

suキ−
esquiar

taクshi−
taxi

panケーキ
hotcakes

tabaコ
cigarros, tabaco

カrenda−
calendario

13 | Clave de Respuestas こたえ あわせ

Práctica de Palabras (clave)

1. グーグru
2. カmera
3. アfuriカ
4. コーhi−
5. ケchappu
6. baイrinガru
7. クreyon
8. ガsorin
9. biキni
10. ギガbaイto
11. イギrisu
12. コー n

Une Los Puntos Katakana (clave)

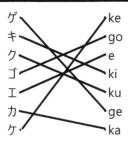

13 Hoja de Práctica de Katakana れんしゅう

カ	カ						
キ	キ						
ク	ク						
ケ	ケ						
コ	コ						
ガ	ガ						
ギ	ギ						
グ	グ						
ゲ	ゲ						
ゴ	ゴ						

14 Lección 14:
Katakana サシスセソ

14 | Katakanas Nuevos あたらしい カタカナ

Usar el orden correcto de los trazos significará mejores caracteres al escribir rápido.

14 | Estilos Varios スタイル

Escribe cada símbolo de forma ordenada, después compáralos con las diferentes versiones.

14 | Puntos de Escritura かくポイント

● **14-1. Diferencias en el orden de los trazos de シ (shi) y ソ (so)**

Aunque シ y ソ se ven un poco similares, los trazos para cada caracter van en direcciones completamente opuestas.

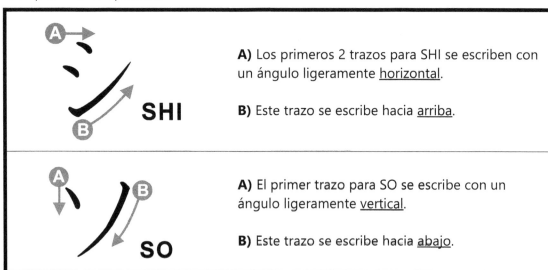

A) Los primeros 2 trazos para SHI se escriben con un ángulo ligeramente <u>horizontal</u>.

B) Este trazo se escribe hacia <u>arriba</u>.

A) El primer trazo para SO se escribe con un ángulo ligeramente <u>vertical</u>.

B) Este trazo se escribe hacia <u>abajo</u>.

14 | Práctica de Escritura れんしゅう

Primero remarca sobre los caracteres en gris, luego escribe cada caracter seis veces.

sa	サ	サ						
shi	シ	シ						
su	ス	ス						
se	セ	セ						
so	ソ	ソ						

za	ザ	ザ							
ji	ジ	ジ							
zu	ズ	ズ							
ze	ゼ	ゼ							
zo	ゾ	ゾ							

14 | Práctica de Palabras ことばの れんしゅう

Rellena el katakana correcto en las líneas de cada palabra.

1. __-pa- (super mercado)
   su

2. __futo (software)
   so

3. __nfuran__ __コ (San Francisco)
   sa   shi su

4. __rada (ensalada)
   sa

5. __-ra- (solar)
   so

6. ガ-__ (gasa)
   ze

7. meron __-da (refresco de melón)
   so

8. __pu-n (cuchara)
   su

9. __-tsu ケ-__ (maleta)
   su   su

10. __ro (cero)
    ze

11. ガ__rin (gasolina)
    so

12. __-pan (pantalones (mezclilla))
    ji

14 Palabras Que Puedes Escribir かける ことば

Escribe las siguientes palabras usando los katakanas que acabas de aprender.

beso

キ	ス										

letra "C"

シ	ー										

gas

ガ	ス										

hielo

ア	イ	ス							

curso

コ	ー	ス							

Suiza

ス	イ	ス							

esquiar

ス	キ	ー							

preguntas

ク	イ	ズ							

salsa

ソース

Casio (marca)

カシオ

circo

サーカス

zig zag

ジグザグ

puntaje

スコアー

césar (ensalada)

シーザー

rompecabezas

ジグソー

oasis

オアシス

sexy

セクシー

14 | Une Los Puntos Katakana カタカナ マッチング

Conecta los puntos entre cada katakana y el romaji correcto.

ス・   ・za
シ・   ・ko
コ・   ・se
エ・   ・i
ザ・   ・shi
ア・   ・e
セ・   ・su
イ・   ・a

14 | Palabras de Uso Diario en Katakana にちじょうの ことば

teキサス
Texas

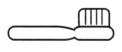

haburaシ
cepillo de dientes

baス
autobús

セーtaー
sueter

ガソrinスtando
gasolinería

スtoroー
popote

14 | Clave de Respuestas こたえ あわせ

Práctica de Palabras (clave)

1. スーpa−
2. ソfuto
3. サnfuranシスコ
4. サrada
5. ソーra−
6. ガーゼ
7. meron ソーda
8. スpu− n
9. スーツ ケース
10. ゼro
11. ガソrin
12. ジーpan

Une Los Puntos Katakana (clave)

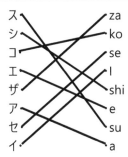

ス	za
シ	ko
コ	se
エ	I
ザ	shi
ア	e
セ	su
イ	a

14 | **Hoja de Práctica de Katakana れんしゅう**

サ	サ					
シ	シ					
ス	ス					
セ	セ					
ソ	ソ					
ザ	ザ					
ジ	ジ					
ズ	ズ					
ゼ	ゼ					
ゾ	ゾ					

15 Lección 15: Katakana タ シ ツ テ ト

15 Katakanas Nuevos あたらしい カタカナ

Usar el orden correcto de los trazos significará mejores caracteres al escribir rápido.

15 Estilos Varios スタイル

Escribe cada símbolo de forma ordenada, después compáralos con las diferentes versiones.

15 | Puntos de Escritura かくポイント

● 15-1. Las Consonantes Dobles

Las consonantes dobles (*kk*, *pp*, *tt*, *cch*) son estresadas con una ligera pausa antes de la consonante. Para representarlas en katakana, se una ツ pequeña. La ツ pequeña siempre se coloca frente al katakana que se debe duplicar.

EXAMPLES

cama	be<u>dd</u>o	ベッド
sobrenombre de McDonald's	ma<u>kk</u>u	マック
la letra "Z"	ze<u>tt</u>o	ゼット

Asegúrate de escribir la ツ más chica, para evitar confusiones con una ツ normal.

● 15-2. Análisis del sonido de las Consonantes Dobles

Si observas la onda sonora de una palabra con una consonante doble, notarás una pausa o un espacio visible antes de la consonante. Observa los siguientes ejemplos.

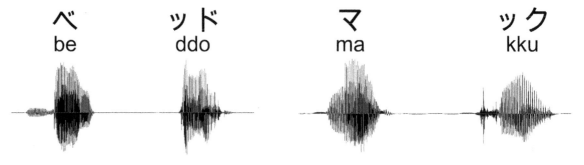

● 15-3. ¿Qué versión de *zu* y *ji* debería ser usada?

Hay dos versiones de *zu* y *ji*. Las primeras están en la lección 3. ズ y ジ son usadas más comúnmente, ヅ y ヂ son solo usadas en algunas palabras como ヅラ (zura) (cabello falso) y チヂミ (chijimi) (un tipo de pan coreano). La mayoría de los diccionarios tienen menos de 15 entradas que contienen ヅ o ヂ. Si no estás seguro de que versión usar, intenta usar ズ y ジ y el 90% del tiempo, será correcto.

15 | Práctica de Escritura れんしゅう

Primero remarca sobre los caracteres en gris, luego escribe cada caracter seis veces.

ta	タ	タ				
chi	チ	チ				
tsu	ツ	ツ				
te	テ	テ				
to	ト	ト				

da	ダ	ダ				
ji	ヂ	ヂ				
zu	ヅ	ヅ				
de	デ	デ				
do	ド	ド				

15 | Práctica de Palabras ことばの れんしゅう

Rellena el katakana correcto en las líneas de cada palabra.

1. __ス__ (examen)
    te to

2. __ranpu (cartas, barajas)
    to

3. __ケツ__ (boleto)
    chi   to

4. __npu (camión de basura)
    da

5. コnpyu‒__‒ (computadora)
    ta

6. __ra ウma (trauma)
    to

7. __イエツ__ (dieta)
    da   to

8. __‒buru (mesa)
    te

9. イn__‒neツ__ (internet)
    ta   to

10. __アー (tour)
    tsu

11. __ジ__ru (digital)
    de ta

12. __ramu (batería)
    do

15 | Palabras Que Puedes Escribir かける ことば

Escribe las siguientes palabras usando los katakanas que acabas de aprender.

Tailandia

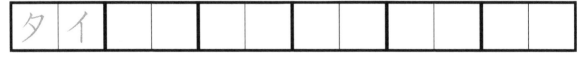

queso

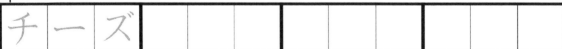

Alemania

cita

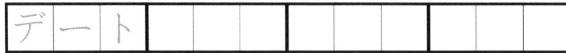

carta

| カ | ー | ド | | | | | | | | | |

futbol

| サ | ッ | カ | ー | | | | | | | | |

guepardo

| チ | ー | タ | ー | | | | | | | | |

taxi

| タ | ク | シ | ー | | | | | | | | |

empezar

| ス | タ | ー | ト | | | | | | | | |

filete

| ス | テ | ー | キ | | | | | | | | |

pan tostado

| ト | ー | ス | ト | | | | | | | | |

exacto (navaja)

| カ | ッ | タ | ー | | | | | | | | |

Falda

| ス | カ | ー | ト | | | | | | | | |

Kit Kat (chocolate)

キ	ッ	ト	カ	ッ	ト						

15 | Une Los Puntos Katakana カタカナ マッチング

Conecta los puntos entre cada katakana y el romaji correcto.

サ・　　　　　・ji
ツ・　　　　　・da
テ・　　　　　・a
ア・　　　　　・chi
ダ・　　　　　・te
ジ・　　　　　・tsu
ス・　　　　　・sa
チ・　　　　　・su

15 | Palabras de Uso Diario en Katakana にちじょうの ことば

サnタ クroース
Santa Claus

チケット
boleto

サnドイッチ
sandwich

poテト
papas fritas

トraック
camión

hoットドッグ
hot dog

15 | Clave de Respuestas こたえ あわせ

Práctica de Palabras (clave)

1. テスト
2. トranpu
3. チケット
4. ダnpu
5. コnpyu−ター
6. トraウma
7. ダイエット
8. テ−buru
9. インターネット
10. ツアー
11. デジタru
12. ドramu

Une Los Puntos Katakana (clave)

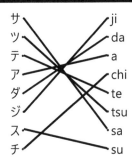

サ	ji
ツ	da
テ	a
ア	chi
ダ	te
ジ	tsu
ス	sa
チ	su

15 | Hoja de Práctica de Katakana れんしゅう

タ	タ						
チ	チ						
ツ	ツ						
テ	テ						
ト	ト						
ダ	ダ						
ヂ	ヂ						
ヅ	ヅ						
デ	デ						
ド	ド						

16 Lección 16:
Katakana ナニヌネノ

16 Katakanas Nuevos あたらしい カタカナ

Usar el orden correcto de los trazos significará mejores caracteres al escribir rápido.

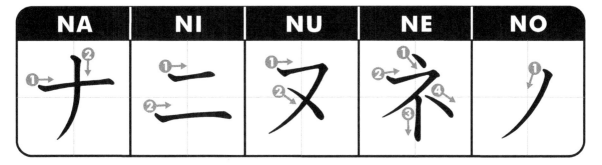

NA	NI	NU	NE	NO

16 Estilos Varios スタイル

Escribe cada símbolo de forma ordenada, después compáralos con las diferentes versiones.

ナ ニ ヌ ネ ノ
ナ ニ ヌ ネ ノ
ナ ニ ヌ ネ ノ
ナ ニ ヌ ネ ノ
ナ ニ ヌ ネ ノ

16 | Práctica de Escritura れんしゅう

Primero remarca sobre los caracteres en gris, luego escribe cada caracter seis veces.

na	ナ	ナ					
ni	ニ	ニ					
nu	ヌ	ヌ					
ne	ネ	ネ					
no	ノ	ノ					

16 | Práctica de Palabras ことばの れんしゅう

Rellena el katakana correcto en las líneas de cada palabra.

1. mi__raru (minerales)
   ne

2. __イーbu (inocente)
   na

3. __ートpaソコn (laptop)
   no

4. ba__ra (vainilla)
   ni

5. __ック__ーmu (sobrenombre)
   ni   ne

6. カ__ー (canoa)
   nu

7. __ットwaーク (red)
   ne

8. エコ__miー (economía)
   no

9. カツpu __ードru (fideos de vaso)
   nu

10. __puキn (servilleta)
    na

11. mayo__ーズ (mayonesa)
    ne

12. mi__ban (mini-van)
    ni

16 | Palabras Que Puedes Escribir かける ことば

no

ノ	ー										

Atún

ツ	ナ										

letra "N"

エ	ヌ										

libreta

ノ	ー	ト							

red

ネ	ッ	ト							

sauna

サ	ウ	ナ							

tenis (deporte)

テ	ニ	ス							

knock

ノ	ッ	ク							

necesidades

ニ	ー	ズ							

ruido

| ノ | イ | ズ | | | | | | | | | | |

canoa

| カ | ヌ | ー | | | | | | | | | | |

amable

| ナ | イ | ス | | | | | | | | | | |

NEET (personas que no están estudiando, entrenando o trabajando)

| ニ | ー | ト | | | | | | | | | | |

Ainu (indígenas del norte de Japón)

| ア | イ | ヌ | | | | | | | | | | |

Norte

| ノ | ー | ス | | | | | | | | | | |

corbata

| ネ | ク | タ | イ | | | | | | | | |

juego de noche (deportes)

| ナ | イ | タ | ー | | | | | | | | |

Nessie (el monstruo del Lago Ness)

| ネ | ッ | シ | ー | | | | | | | | |

16 Une Los Puntos Katakana カタカナ マッチング

Conecta los puntos entre cada katakana y el romaji correcto.

ネ・   ・sa
タ・   ・tsu
ツ・   ・ta
ナ・   ・na
ヌ・   ・ni
サ・   ・ne
ニ・   ・nu
ノ・   ・no

16 Palabras de Uso Diario en Katakana にちじょうの ことば

ノート
libreta

mayoネーズ
mayonesa

ノmi
pulga

biジネス
negocio

ナbi
navegación

ソニー
Sony

16 | Clave de Respuestas こたえ あわせ

Práctica de Palabras (clave)

1. miネraru
2. ナイーbu
3. ノートpaソコn
4. baニra
5. ニックネーmu
6. カヌー
7. ネットwaーク
8. エコノmiー
9. カツpu ヌードru
10. ナpuキn
11. mayoネーズ
12. miニban

Une Los Puntos Katakana (clave)

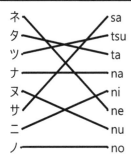

16 | Hoja de Práctica de Katakana れんしゅう

ナ	ナ						
ナ	ナ						
ニ	ニ						
ニ	ニ						
ヌ	ヌ						
ヌ	ヌ						
ネ	ネ						
ネ	ネ						
ノ	ノ						
ノ	ノ						

17 Lección 17: Katakana ハヒフへホ

17 | Katakanas Nuevos あたらしい カタカナ

Usar el orden correcto de los trazos significará mejores caracteres al escribir rápido.

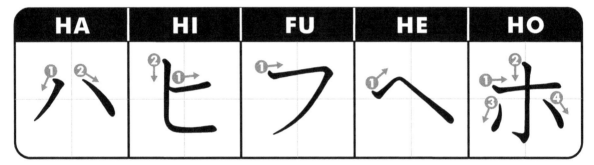

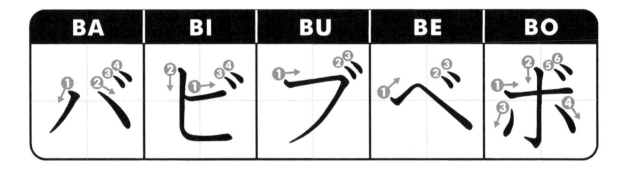

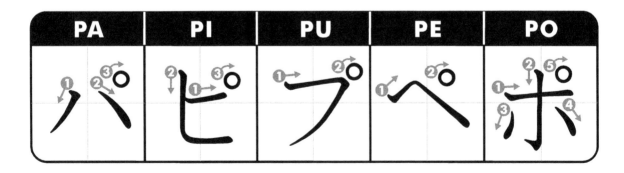

17 | Estilos Varios スタイル

Escribe cada símbolo de forma ordenada, después compáralos con las diferentes versiones.

ハ	ハ	ハ	ハ	ハ
ヒ	ヒ	ヒ	ヒ	ヒ
フ	フ	フ	フ	フ
ヘ	ヘ	ヘ	ヘ	ヘ
ホ	ホ	ホ	ホ	ホ

バ	バ	バ	バ	バ
ビ	ビ	ビ	ビ	ビ
ブ	ブ	ブ	ブ	ブ
ベ	ベ	ベ	ベ	ベ
ボ	ボ	ボ	ボ	ボ

パ	パ	パ	パ	パ
ピ	ピ	ピ	ピ	ピ
プ	プ	プ	プ	プ
ペ	ペ	ペ	ペ	ペ
ポ	ポ	ポ	ポ	ポ

17 | Puntos de Escritura かくポイント

● 17-1. ¿Qué es ese círculo?

Los katakanas *pa pi pu pe po* se hacen agregando un círculo en el área en la que normalmente iría el *dakuten*. El círculo debe ser escrito en sentido de las manecillas del reloj y siempre debe ser el último trazo. La mayoría de los japoneses se refieren a él como *maru* que significa "círculo". Su nombre oficial es *handakuten*.

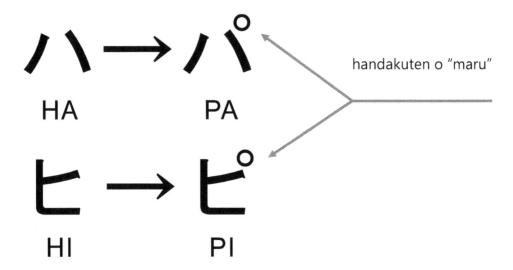

ハ→パ

HA   PA

handakuten o "maru"

ヒ → ピ

HI   PI

17 | Práctica de Escritura れんしゅう

Primero remarca sobre los caracteres en gris, luego escribe cada caracter seis veces.

ha	ハ	ハ				
hi	ヒ	ヒ				
fu	フ	フ				
he	へ	へ				
ho	ホ	ホ				

ba	バ	バ						
bi	ビ	ビ						
bu	ブ	ブ						
be	ベ	ベ						
bo	ボ	ボ						

pa	パ	パ						
pi	ピ	ピ						
pu	プ	プ						
pe	ペ	ペ						
po	ポ	ポ						

17 | Práctica de Palabras ことばの れんしゅう

Rellena el katakana correcto en las líneas de cada palabra.

1. __rinター (impresora)
   pu

2. __nク (llanta desinflada)
   pa

3. __−ター (calentador)
   hi

4. __ru (campana)
   be

5. __–ru__n (lapicero)
    bo   pe

6. __タmin (vitamina)
    bi

7. __ッチキス (engrapadora)
    ho

8. __アス (aretes)
    pi

9. __–mu__ージ (página de inicio)
    ho   pe

10. ya__– (Yahoo!)
     fu

11. __イキnグ (buffet)
     ba

12. __nチ (banca)
     be

17 | Palabras Que Puedes Escribir かける ことば

Escribe las siguientes palabras usando los katakanas que acabas de aprender.

papá

| パ | パ | | | | | | | | |

autobús

| バ | ス | | | | | | | | |

buzón

| ポ | ス | ト | | | | | |

playa

| ビ | ー | チ | | | | | |

propina

| チ | ッ | プ | | | | |

taza

| コ | ッ | プ | | | | |

página

ペ ー ジ

Jeep

ジ ー プ

mantequilla

バ タ ー

sopa

ス ー プ

bote (barco)

ボ ー ト

cinta

テ ー プ

bolsa

ポ ケ ッ ト

cacahuates

ピ ー ナ ツ

póster

ポ ス タ ー

17 | Une Los Puntos Katakana カタカナ マッチング

Conecta los puntos entre cada katakana y el romaji correcto.

フ・   ・pi
ハ・   ・pe
ザ・   ・ha
ボ・   ・fu
ペ・   ・gu
デ・   ・za
ピ・   ・de
グ・   ・bo

17 | Palabras de Uso Diario en Katakana にちじょうの ことば

ハート
corazón

ペnキ
pintura

ポップコーn
palomitas

ピザ
pizza

ゴruフ
golf

ハnバーガー
hamburguesa

17 | Clave de Respuestas こたえ あわせ

Práctica de Palabras (clave)

1. プrinター
3. ヒーター
5. ボーruペ n
7. ホッチキス
9. ホーmuページ
11. バイキnグ

2. パnク
4. ベru
6. ビタmin
8. ピアス
10. yaフー
12. ベ n チ

Une Los Puntos Katakana (clave)

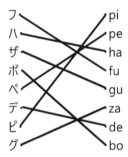

フ — pi
ハ — pe
ザ — ha
ボ — fu
ペ — gu
デ — za
ピ — de
グ — bo

17 | **Hoja de Práctica de Katakana れんしゅう**

ハ	ハ						
ヒ	ヒ						
フ	フ						
ヘ	ヘ						
ホ	ホ						
バ	バ						
ビ	ビ						
ブ	ブ						
ベ	ベ						
ボ	ボ						

パ	パ						
ピ	ピ						
プ	プ						
ペ	ペ						
ポ	ポ						

18 Lección 18:
Katakana マミムメモ

18 Katakanas Nuevos あたらしい カタカナ

Usar el orden correcto de los trazos significará mejores caracteres al escribir rápido.

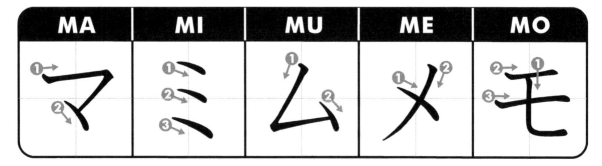

18 Estilos Varios スタイル

Escribe cada símbolo de forma ordenada, después compáralos con las diferentes versiones.

マ ミ ム メ モ
マ ミ ム メ モ
マ ミ ム メ モ
マ ミ ム メ モ
マ ミ ム メ モ

18 | Puntos de Escritura かくポイント

● **18-1. La diferencia entre ア (a) y マ (ma)**

Al escribir マ asegúrate de no escribir una ア accidentalmente.

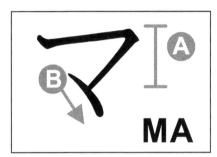
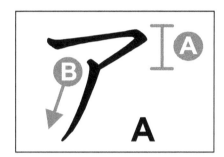

A) La altura de la porción superior de マ (MA) es más de la mitad de la altura total del caracter, mientras la altura de la porción superior de ア (A) toma menos de la mitad.

B) Los ángulos de este trazo son diferentes para cada carácter. Los tipos de trazo también son diferentes; マ (MA) es un *detenido* and ア (A) es un *desvanecido*.

18 | Práctica de Escritura れんしゅう

Primero remarca sobre los caracteres en gris, luego escribe cada caracter seis veces.

ma	マ	マ						
mi	ミ	ミ						
mu	ム	ム						
me	メ	メ						
mo	モ	モ						

18 Práctica de Palabras ことばの れんしゅう

Rellena el katakana correcto en las líneas de cada palabra.

1. __−ru アドreス (dirección de correo)
   me

2. __イク (maquillaje)
   me

3. __−ター (motor)
   mo

4. __nガ (manga, comics)
   ma

5. ハ__サnド (sándwich de jamón)
   mu

6. __サイru (misil)
   mi

7. __ツトreス (colchón)
   ma

8. ナトriウ__ (sodio)
   mu

9. アru__ (aluminio)
   mi

10. __ナー__−ド (modo silencio)
    ma   mo

11. __−ru (centro comercial)
    mo

12. __nバー (miembro)
    me

18 Palabras Que Puedes Escribir かける ことば

Escribe las siguientes palabras usando los katakanas que acabas de aprender.

letra "M"

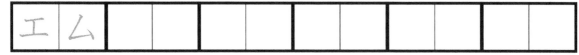

jamón

memorándum

メ	モ									

mini

ミ	ニ									

durazno

モ	モ									

partido, lucha

マ	ッ	チ						

juego

ゲ	ー	ム						

tema

テ	ー	マ						

máscara

マ	ス	ク						

domo

ド	ー	ム					

tomate

| ト | マ | ト | | | | | | | | | |

comunicación masiva

| マ | ス | コ | ミ | | | | | | | | |

película

| ム | ー | ビ | ー | | | | | | | | |

monitor

| モ | ニ | タ | ー | | | | | | | | |

metro

| メ | ー | タ | ー | | | | | | | | |

con estilo

| ス | マ | ー | ト | | | | | | | | |

Terminator (la película)

| タ | ー | ミ | ネ | ー | タ | ー | | | | | | | |

18 | Une Los Puntos Katakana カタカナ マッチング

Conecta los puntos entre cada katakana y el romaji correcto.

ヌ・   ・mu
モ・   ・mi
メ・   ・nu
ニ・   ・ma
ミ・   ・o
マ・   ・mo
オ・   ・me
ム・   ・ni

18 | Palabras de Uso Diario en Katakana にちじょうの ことば

マクドナruド
McDonald's

ミミズ
gusano

ガム
chicle

メron
melón

モバイru
celular

ママ
mamá

18 | Clave de Respuestas こたえ あわせ

Práctica de Palabras (clave)

1. メーru アドreス
2. メイク
3. モーター
4. マnガ
5. ハムサnド
6. ミサイru
7. マットreス
8. ナトriウmu
9. アruミ
10. マナーモード
11. モーru
12. メnバー

Une Los Puntos Katakana (clave)

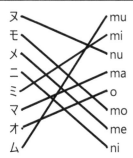

18 | Hoja de Práctica de Katakana れんしゅう

マ	マ						
マ	マ						
ミ	ミ						
ミ	ミ						
ム	ム						
ム	ム						
メ	メ						
メ	メ						
モ	モ						
モ	モ						

19 Lección 19: Katakana ヤユヨワヲン

19 Katakanas Nuevos あたらしい カタカナ

Usar el orden correcto de los trazos significará mejores caracteres al escribir rápido.

19 Estilos Varios スタイル

Escribe cada símbolo de forma ordenada, después compáralos con las diferentes versiones.

19 | Puntos de Escritura かくポイント

● **19-1. La diferencia entre ユ (yu) y コ (ko)**

Al escribir ユ (yu) asegúrate de no escribir コ (ko) accidentalmente.

YU El segundo trazo se extiende pasando el primero.

KO El segundo trazo se extiende muy poco o no se extiende en absoluto.

19 | Práctica de Escritura れんしゅう

Primero remarca sobre los caracteres en gris, luego escribe cada caracter seis veces.

ya	ヤ	ヤ					
yu	ユ	ユ					
yo	ヨ	ヨ					
wa	ワ	ワ					
wo	ヲ	ヲ					
n	ン	ン					

19 | Práctica de Palabras ことばの れんしゅう

Rellena el katakana correcto en las líneas de cada palabra.

1. ドraイ__ー (secadora)
   ya

2. デザイ__ (diseño)
   n

3. __ーroッパ (Europa)
   yo

4. __ニバーサru (universal)
   yu

5. タイ__ (neumático)
   ya

6. __ーザー (usuario)
   yu

7. __クチ__ (vacuna)
   wa   n

8. __ーモア (humor)
   yu

9. フri−ダイ__ru (número sin costo)
   ya

10. __イn (vino)
    wa

11. __ーグruト (yogur)
    yo

12. __タ (nerd)
    wo

19 | Uso Especial とくべつな つかいかた

● 19-2. La Partícula ヲ (wo)

El katakana ヲ es rara vez usado. Una de las únicas palabras en las que podrías verlo usado es ヲタ (versión corta de ヲタク que significa "nerd" o "entusiasta"). Aun así, incluso esta palabra a veces se escribe オタク sin utilizar el carácter ヲ.

En el raro caso de que estés jugando Zelda o algún otro videojuego de la "Famicon" (consola de Nintendo), o de un gameboy japonés, podrías ver este katakana ser usado como partícula (marcador de objeto). El carácter "wo" puede ser pronunciado como "o", pero オ nunca puede reemplazar a ヲ como partícula.

Nota: La partícula "wo" es cubierta en *Japonés ¡Desde Cero! 1*.

19 | Palabras Que Puedes Escribir かける ことば

Escribe las siguientes palabras usando los katakanas que acabas de aprender.

pan

パ	ン										

Utah (estado)

ユ	タ										

torre

タ	ワ	ー							

yate

ヨ	ッ	ト							

combinación

コ	ン	ビ							

firma

サ	イ	ン							

moneda

コ	イ	ン							

cuento, obra corta

コ	ン	ト							

Word (Microsoft Office)

ワ	ー	ド									

otaku

ヲ	タ	ク									

juventud

ユ	ー	ス									

un hombre (un autobús operado por un solo hombre)

ワ	ン	マ	ン								

yo-yo

ヨ	ー	ヨ	ー								

tocino

ベ	ー	コ	ン								

won ton (sopa)

ワ	ン	タ	ン								

ladrido de perro

ワ	ン	ワ	ン								

martillo

ハ	ン	マ	ー								

19 | Une Los Puntos Katakana カタカナ マッチング

Conecta los puntos entre cada katakana y el romaji correcto.

ツ・	・yu
テ・	・te
ユ・	・tsu
シ・	・so
ヨ・	・ha
ヤ・	・shi
ソ・	・yo
ハ・	・ya

19 | Palabras de Uso Diario en Katakana にちじょうの ことば

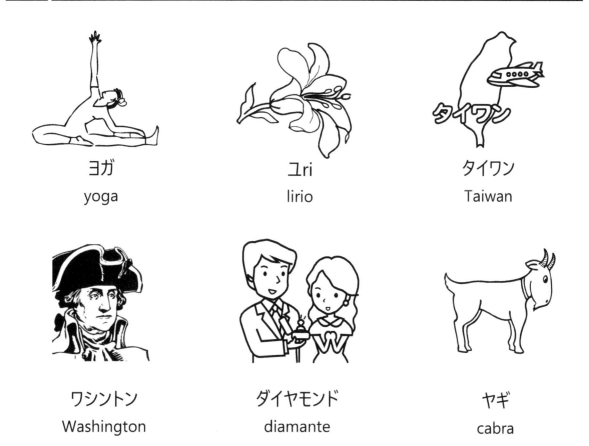

ヨガ
yoga

ユri
lirio

タイワン
Taiwan

ワシントン
Washington

ダイヤモンド
diamante

ヤギ
cabra

19 | Clave de Respuestas こたえ あわせ

Práctica de Palabras (clave)

1. ドraイヤー
2. デザイン
3. ヨーroッパ
4. ユニバーサru
5. タイヤ
6. ユーザ
7. ワクチン
8. ユーモア
9. フриーダイヤru
10. ワイン
11. ヨーグruト
12. ヲタ

Une Los Puntos Katakana (clave)

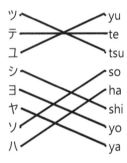

ツ — yu
テ — te
ユ — tsu
シ — so
ヨ — ha
ヤ — shi
ソ — yo
ハ — ya

19 | Hoja de Práctica de Katakana れんしゅう

ヤ	ヤ						
ユ	ユ						
ヨ	ヨ						
ワ	ワ						
ヲ	ヲ						
ン	ン						

20 Lección 20:
Katakana ラリルレロ

20 | Katakanas Nuevos あたらしい カタカナ

Usar el orden correcto de los trazos significará mejores caracteres al escribir rápido.

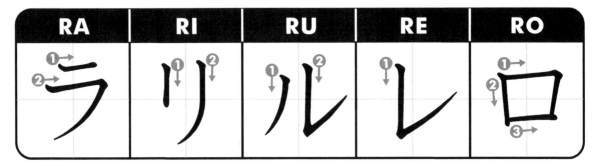

20 | Estilos Varios スタイル

Escribe cada símbolo de forma ordenada, después compáralos con las diferentes versiones.

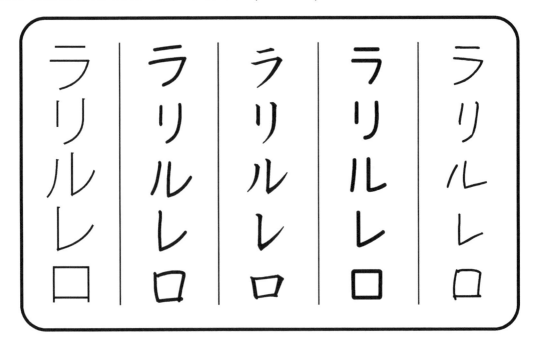

● 20-1. Hiragana リ vs Katakana リ

Los caracteres RI para el hiragana y el katakana se ven similares, pero tienen algunas diferencias claras.

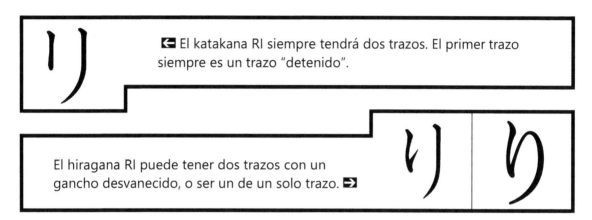

◀ El katakana RI siempre tendrá dos trazos. El primer trazo siempre es un trazo "detenido".

El hiragana RI puede tener dos trazos con un gancho desvanecido, o ser un de un solo trazo. ➡

20 | Práctica de Escritura れんしゅう

Primero remarca sobre los caracteres en gris, luego escribe cada caracter seis veces.

ra	ラ	ラ						
ri	リ	リ						
ru	ル	ル						
re	レ	レ						
ro	ロ	ロ						

20 | Práctica de Palabras ことばの れんしゅう

Rellena el katakana correcto en las líneas de cada palabra.

1. __ストラン (restaurante)
    re

2. タオ__ (toalla)
    ru

3. __ーメン (ramen)
    ra

4. バ__ー (voleibol)
    re

5. ウー__ (lana)
    ru

6. モノ__ー__ (monorriel)
    re   ru

7. ヘ__メット (casco)
    ru

8. __ープ (cuerda)
    ro

9. バ__ンス (balance)
    ra

10. インテ__ (inteligencia)
    ri

11. __シア (Rusia)
    ro

12. アイド__ (idol)
    ru

20 | Palabras Que Puedes Escribir かける ことば

Escribe las siguientes palabras usando los katakanas que acabas de aprender.

raro

cinta

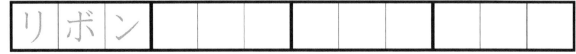

bola

ボール

lechuga

レタス

real

リアル

rubí

ルビー

rally

ラリー

deformación

ワープ

robot

ロボット

lección

レッスン

fruta

フルーツ

control remoto

| リ | モ | コ | ン | | | | | | | | |

cohete

| ロ | ケ | ッ | ト | | | | | | | | |

león

| ラ | イ | オ | ン | | | | | | | | |

repetir

| リ | ピ | ー | ト | | | | | | | | |

20 | Une Los Puntos Katakana カタカナ マッチング

Conecta los puntos entre cada katakana y el romaji correcto.

ル・   ・chi
レ・   ・mi
リ・   ・ra
イ・   ・re
チ・   ・ro
ミ・   ・i
ロ・   ・ru
ラ・   ・ri

20 | Palabras de Uso Diario en Katakana にちじょうの ことば

サングラス
lentes de sol

セロテープ
cinta de celofán

ソフトクリーム
helado

リモコン
control remoto

クレジットカード
tarjeta de crédito

ランプ
lámpara

20 | Clave de Respuestas こたえ あわせ

Práctica de Palabras (clave)

1. レストラン
2. タオル
3. ラーメン
4. バレー
5. ウール
6. モノレール
7. ヘルメット
8. ロープ
9. バランス
10. インテリ
11. ロシア
12. アイドル

Une Los Puntos Katakana (clave)

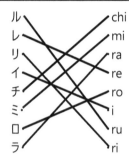

ル
レ
リ
イ
チ
ミ
ロ
ラ

chi
mi
ra
re
ro
i
ru
ri

20 | Hoja de Práctica de Katakana れんしゅう

ラ	ラ						
ラ	ラ						
リ	リ						
リ	リ						
ル	ル						
ル	ル						
レ	レ						
レ	レ						
ロ	ロ						
ロ	ロ						

21 Lección 21:
Katakanas Compuestos

¡Los katakanas finales son fáciles! Hay solo 33 katakanas oficiales por aprender – pero no dejes que eso te intimide. Todos están hechos de katakanas que ya conoces. Solo con verlos deberías tener una idea del sonido que representan.

EJEMPLOS

キ (ki) + ヤ (ya)	=	キャ (kya)
シ (shi) + ユ (yu)	=	シュ (shu)
チ (chi) + ヨ (yo)	=	チョ (cho)

---

21 Puntos de Escritura かくポイント

● 21-1. La forma correcta de escribir katakanas compuestos

Al escribir katakanas compuestos, asegúrate de que el segundo caracter sea visiblemente más pequeño que el primero.

ROMAJI	CORRECTO	INCORRECT O
mya	ミャ	ミヤ
ryo	リョ	リヨ
chu	チュ	チユ
kya	キャ	キヤ
pya	ピャ	ピヤ

● 21-2. Separación de palabras en katakana

Cuando hay dos o más palabras en katakana en sucesión, a veces se coloca un punto pequeño entre ellas para separarlas. Esto es para que sea más fácil saber en dónde termina una y empieza otra. Cuando escribes tu nombre, puedes poner un punto entre tu nombre y apellido para separarlos claramente. Este punto no es necesario, pero facilita la lectura.

EXAMPLES

ジョン・スミス (John Smith)
ケース・バイ・ケース (caso por caso)
ジョージ・ワシントン (George Washington)

● 21-3. Katakanas Compuestos

Los siguientes son katakanas compuestos.

キャ kya	キュ kyu	キョ kyo
ギャ gya	ギュ gyu	ギョ gyo
シャ sha	シュ shu	ショ sho
ジャ ja	ジュ ju	ジョ jo
チャ cha	チュ chu	チョ cho
ニャ nya	ニュ nyu	ニョ nyo

ヒャ hya	ヒュ hyu	ヒョ hyo
ビャ bya	ビュ byu	ビョ byo
ピャ pya	ピュ pyu	ピョ pyo
ミャ mya	ミュ myu	ミョ myo
リャ rya	リュ ryu	リョ ryo

21	Práctica de Escritura れんしゅう

Primero remarca sobre los caracteres en gris, luego escribe cada caracter seis veces.

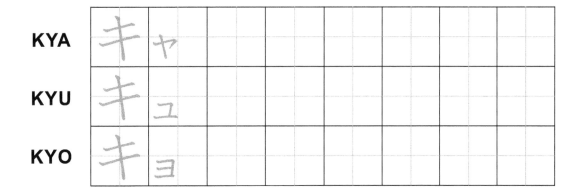

KYA

KYU

KYO

GYA	ギャ							
GYU	ギュ							
GYO	ギョ							

SHA	シャ							
SHU	シュ							
SHO	ショ							

JA	ジャ							
JU	ジュ							
JO	ジョ							

CHA	チャ							
CHU	チュ							
CHO	チョ							

NYA ニャ

NYU ニュ

NYO ニョ

HYA ヒャ

HYU ヒュ

HYO ヒョ

BYA ビャ

BYU ビュ

BYO ビョ

PYA ピャ

PYU ピュ

PYO ピョ

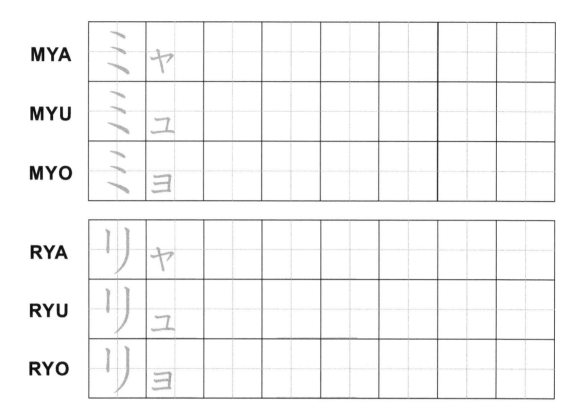

MYA ミャ							
MYU ミュ							
MYO ミョ							

RYA リャ							
RYU リュ							
RYO リョ							

21 | Práctica de Palabras ことばの れんしゅう

Rellena el katakana correcto en las líneas de cada palabra.

1. メッ＿＿ (malla)
   shu

2. マニ＿＿ア (manicure)
   kyu

3. ＿＿ックサック (mochila)
   ryu

4. バー＿＿ン (versión)
   jo

5. ＿＿レンジ (desafío)
   cha

6. ＿＿ーヨーク (Nueva York)
   nyu

7. ＿＿コレート (chocolate)
   cho

8. ナ＿＿ラル (natural)
   chu

9. ___ンブル (juego (apuestas))
　　gya

10. ___ラメル (caramelo)
　　　kya

11. ___ーマン (humano)
　　hyu

12. ___ーリップ (tulipán)
　　　chu

21 | Palabras Que Puedes Escribir かける ことば

Escribe las siguientes palabras usando los katakanas que acabas de aprender.

puro

| ピ | ュ | ア | | | | | | | | | |

col

| キ | ャ | ベ | ツ | | | | | | | | |

jugo

| ジ | ュ | ー | ス | | | | | | | | |

elección

| チ | ョ | イ | ス | | | | | | | | |

caviar

| キ | ャ | ビ | ア | | | | | | | | |

broma

| ジ | ョ | ー | ク | | | | | | | | |

menú

| メ | ニ | ュ | ー | | | | | | | | |

chance

| チ | ャ | ン | ス | | | | | | | | |

regadera

| シ | ャ | ワ | ー | | | | | | | | |

salto

| ジ | ャ | ン | プ | | | | | | | | |

mochila

| リ | ュ | ッ | ク | | | | | | | | |

fusible

| ヒ | ュ | ー | ズ | | | | | | | | |

21 | Une Los Puntos Katakana カタカナ マッチング

Conecta los puntos entre cada katakana y el romaji correcto.

ギャ・	・ja
ニュ・	・cho
ジャ・	・rya
ピョ・	・nyu
リャ・	・pyo
チョ・	・myu
ミュ	・ju
ジュ・	・gya

21 | Palabras de Uso Diario en Katakana にちじょうの ことば

ジュース
jugo

ニュース
noticias

コンピューター
computadora

シャワー
regadera

ジャケット
chamarra

インターナショナル
internacional

21 | Clave de Respuestas こたえ あわせ

Práctica de Palabras (clave)

1. メッシュ
2. マニキュア
3. リュックサック
4. バージョン
5. チャレンジ
6. ニューヨーク
7. チョコレート
8. ナチュラル
9. ギャンブル
10. キャラメル
11. ヒューマン
12. チューリップ

Une Los Puntos Katakana (clave)

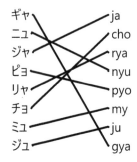

ギャ
ニュ
ジャ
ピョ
リャ
チョ
ミュ
ジュ

ja
cho
rya
nyu
pyo
my
ju
gya

21 | Hoja de Práctica de Katakana れんしゅう

キャ	キャ								
キュ	キュ								
キョ	キョ								
ギャ	ギャ								
ギュ	ギュ								
ギョ	ギョ								
シャ	シャ								
シュ	シュ								
ショ	ショ								
ジャ	ジャ								
ジュ	ジュ								
ジョ	ジョ								

チャ	チャ								
チュ	チュ								
チョ	チョ								
ニャ	ニャ								
ニュ	ニュ								
ニョ	ニョ								
ヒャ	ヒャ								
ヒュ	ヒュ								
ヒョ	ヒョ								
ビャ	ビャ								
ビュ	ビュ								
ビョ	ビョ								

ピャ	ピャ							
ピュ	ピュ							
ピョ	ピョ							
ミャ	ミャ							
ミュ	ミュ							
ミョ	ミョ							
リャ	リャ							
リュ	リュ							
リョ	リョ							

22 Lección 22:
Katakanas Únicos

El katakana es único porque representa palabras que son de origen extranjero. Debido a esto, hay algunas combinaciones en el katakana que no son usadas normalmente en el hiragana.

Éstas son algunas de las combinaciones posibles.

Katakana	Romaji
ティ	ti
ディ	di
チェ	che
トゥ	tu
ドゥ	du
シェ	she
ジェ	je
ヴァ	va
ウィ	wi
ウェ	we
ウォ	wo
ファ	fa
フィ	fi
フェ	fe
フォ	fo

22 Práctica de Palabras ことばの れんしゅう

Rellena el katakana correcto en las líneas de cada palabra.

1. ___ットコースター (montaña rusa)
   je

2. ブルー___ス (bluetooth)
   tu

3. ___リピン (filipinas)
   fi

4. パー___クト (perfecto)
   fe

5. ___イク (sacudir)
   she

6. ネグリ___ (negligé)
   je

7. ___キピ___ア (Wikipedia)
   wi   di

8. ソフト___アー (software)
   we

9. ___イアー___ール (firewall)
   fa   wo

10. ___ラシー (celos)
    je

11. ___ミレス (restaurante familiar)
    fa

12. ___スカウント (descuento)
    di

22 Palabras Que Puedes Escribir かける ことば

Escribe las siguientes palabras usando los katakanas que acabas de aprender.

té

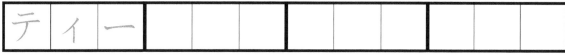

web

violonchelo

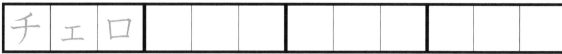

guiño (ojo)

| ウ | ィ | ン | ク | | | | | | | | |

Jane

| ジ | ェ | ー | ン | | | | | | | | |

sofá

| ソ | ファ | ァ | ー | | | | | | | | |

tenedor

| フ | ォ | ー | ク | | | | | | | | |

hoy

| ト | ゥ | デ | イ | | | | | | | | |

Noruega

| ノ | ル | ウェ | ェ | ー | | | | |

pañuelo

| テ | ィ | ッ | シ | ュ | | | | |

CD

| シ | ー | デ | ィ | ー | | | | |

rasuradora

| シ | ェ | イ | バ | ー | | | | |

22 | Une Los Puntos Katakana カタカナ マッチング

Conecta los puntos entre cada katakana y el romaji correcto.

チェ・   ・va
シェ・   ・fo
フォ・   ・tu
フィ・   ・che
ウェ・   ・she
ヴァ・   ・fi
ディ・   ・di
トゥ・   ・we

22 | Palabras de Uso Diario en Katakana にちじょうの ことば

キャンディー
dulce

ウェルダン
bien cocido

ティー
té

ファッション
moda

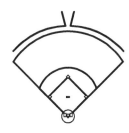

フィールド
area

ジェット
jet

22 | Clave de Respuestas こたえ あわせ

Práctica de Palabras (clave)

1. ジェットコースター
2. ブルートゥース
3. フィリピン
4. パーフェクト
5. シェイク
6. ネグリジェ
7. ウィキピディア
8. ソフトウェー
9. ファイアーワォール
10. ジェラシー
11. ファミレス
12. ディスカウント

Une Los Puntos Katakana (clave)

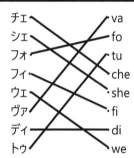

チェ	va
シェ	fo
フォ	tu
フィ	che
ウェ	she
ヴァ	fi
ディ	di
トゥ	we

23 Lección 23:
El Siguiente Paso

¡Felicidades por aprender katakana!
Aquí hay algunos consejos para ayudarte a reforzar lo que has aprendido:

● 23-1. ¡Usemos katakana en nuestra vida diaria!

Escribe palabras en hiragana en notas adhesivas, y luego pégalas en objetos alrededor de tu casa, puedes incluso escribir ソルト y ペッパー en tu salero y pimentero con un marcador. Esto reforzará tus habilidades incluso cuando no lo estés pensando.

.

● 23-2. ¡Busca katakana en todas partes!

Cada periódico japones, revista, y sitio web usa muchos katakanas. Observa e intenta ver cuantas palabras en katakana puedes descifrar. Te sorprenderá la cantidad de palabras "Japonesas" que sabes ahora que puedes leer katakana.

● 23-3. ¡Sigue aprendiendo!

Tu siguiente paso es empezar a aprender kanji. Has llegado hasta aquí, así que sigue avanzando. Como un bonus a este libro, incluimos las primeras dos lecciones de *Kanji ¡Desde Cero!*. El kanji es la clave del japonés.

George y Yukari Trombley, Hugo Canedo – FromZero.com

Después de aprender kana, los japoneses empiezan a aprender los más de 2000 caracteres del kanji.
Continua aprendiendo con la serie de libros **Kanji ¡Desde Cero!**

Como un bonus especial y en espera de que continues aprendiendo con nuestros libros, hemos incluido las primeras dos lecciones de **Kanji ¡Desde Cero!** Libro 1.

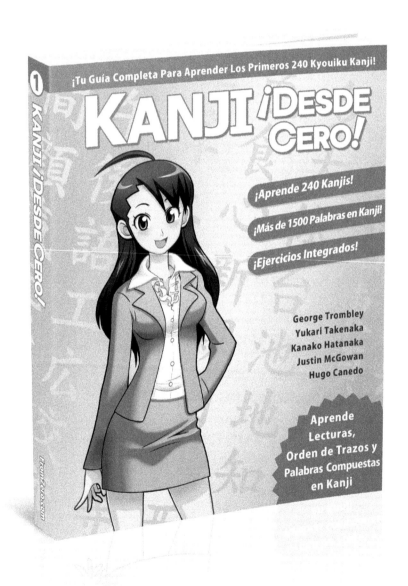

24 Lección 24: Las Bases del Kanji

● 24-1. Por qué es importante el Kanji

Bienvenido al kanji, felicidades por haber llegado hasta aquí en tu aprendizaje de japonés. Muchos estudiantes preguntan "¿Es realmente necesario aprender kanji?". La respuesta es *sí*. Los kanjis no son solo símbolos fonéticos como el hiragana y el katakana. Cada kanji tiene un significado. Al aprender kanji puedes saber cómo se hacen las palabras y la relación que tienen entre ellas, y tu habilidad en japonés crece conforme aprendes nuevos caracteres.

El kanji 食 puede ser leído como しょく o como た, dependiendo de la palabra. El kanji 食 significa "comida" y las palabras con este kanji en ellas tienden a tener significados relacionados con comida. Incluso si no conoces la palabra, puedes saber que tiene que ver con comida si este kanji está en ella. Observa las siguientes palabras que usan este kanji:

食堂	しょくどう	cafetería
食卓	しょくたく	comedor (mesa)
食欲	しょくよく	apetito
食品	しょくひん	productos comestibles
夕食	ゆうしょく	cena
食中毒	しょくちゅうどく	intoxicación alimentaria
夜食	やしょく	snack nocturno

Como puedes ver, todas las palabras tienen 食 y se relacionan de algún modo con comida.

● 24-2. Diferentes Lecturas

A diferencia del hiragana y el katakana, los kanjis pueden tener más de una lectura. La mejor forma de aprender las diferentes lecturas es aprender una palabra que utilice cada una. La sección de kanji de cada lección te proveerá de palabras ejemplo de cada lectura.

Hay dos tipos de lecturas:

くんよみ es la lectura japonesa del kanji. Normalmente es única del idioma japonés.

おんよみ es la lectura china del kanji. Si alguna vez estudias o si estudiaste chino, te darás cuenta de la similitud en la forma en la que los kanjis son leídos en ambos idiomas. Aun así, a veces la おんよみ de los kanjis no suena nada parecido a como suenan en chino.

● **24-3. Instinto de lectura**

Muchos estudiantes tienen problemas con el kanji porque no están seguros de si los kanjis en una palabra deben ser leídos con la おんよみ o la くんよみ. Aunque no hay una forma segura de saber que lectura usar, usualmente estarás correcto si sigues la siguiente guía:

1. Cuando el kanji se combina con ひらがな en una palabra, usa la くんよみ.
2. Si una palabra tiene dos o más kanji seguidos y no hay hiragana, usa la おんよみ.
2. Cuando el kanji está por sí solo, la lectura くんよみ es la más común.

Usar Lectura Japonesa くんよみ.	
月の光 (つき・ひかり)	Kanjis con hiragana ENTRE ellos son normalmente leídos con la lectura くんよみ.
見る物 (み・もの)	Kanjis individuales y cuando son parte de un verbo son casi siempre leídos con くんよみ.
車 (くるま)	Al hablar de un kanji, seguido se refiere a ellos por su lectura くんよみ, cuando la くんよみ es una palabra independiente.

Usar Lectura China おんよみ.	
月光 (げっ・こう)	Los kanjis usados juntos SIN hiragana son casi siempre leídos con la おんよみ.
見物 (けん・ぶつ)	Las palabras que tienen dos o más kanjis llamadas じゅくご usualmente son leídas con la おんよみ.
練習する (れんしゅう)	Los verbos する tienen a estar hechos con じゅくご y leídos con la おんよみ.

● 24-4. Escuchar Kanjis

El kanji te da un nivel de comprensión de las palabras no disponible en el hiragana o katakana. Por ejemplo, si escuchas la palabra にほんしょく, sin haberla escuchado nunca, podrías entender lo que significa basándote en los kanjis que hayas escuchado antes. Si sabes que にほん significa japón, y sabes que しょく es una de las lecturas del kanji "comida", puedes asumir que la palabra significa "comida japonesa". Por supuesto, podría ser que la porción de しょく de にほんしょく no fuera el kanji para comida, sino el kanji para color 色, que también puede ser leído como しょく, pero puedes descartar las posibilidades de otros kanjis por el contexto de la conversación.

Aprender kanji no es tan fácil como aprender hiragana o katakana, pero los beneficios de saber kanji lo valen.

● 24-5. El Poder de Saber Kanji

Si aprendes a utilizar tu conocimiento de kanji con nuevas palabras, tu comprensión del japonés crecerá enormemente. Veamos un escenario en el que escuchas una palabra familiar con el sonido きょく en ella.

Parte 1:
Los siguientes tres kanjis comparten el mismo sonido. No tienes que aprender estos kanjis, solo concentrarte en el concepto al que se refieren.

Kanji con la misma lectura きょく		
Polo	estación, oficina, departamento	canción
極	局	曲
きょく	きょく	きょく

Parte 2:
Cuando has estudiado japonés por un tiempo, sabes MUCHAS palabras, y algunas de esas palabras tienen el sonido きょく en ellas.

polo sur	farmacia	canción nueva
南極	薬局	新曲
なん・きょく	やっ・きょく	しん・きょく

Parte 3:
Ahora escuchas una palabra que no has escuchado nunca antes.

Parte 4:
Asumamos que ya sabes el significado de la palabra ゆうびん que significa "correo", pero no sabes qué きょく es el きょく de ゆうびんきょく. Puedes preguntar a tu amigo japonés a que きょく se refieren diciendo algo como esto:

> 1. 南極 の「きょく」ですか？
>   Es el きょく de なんきょく?
> 2. 薬局 の「きょく」ですか？
>   Es el きょく deやっきょく?
> 3. 新曲 の「きょく」ですか？
>   Es el きょく de しんきょく?

Tu amigo responderá que es:

> 4. 薬局 の 局 です。
>   Es el きょく deやっきょく.

Ahora puedes asumir de forma segura ゆうびんきょく significa "oficina postal". Si hubieran respondido que era 新曲のきょく entonces pensarías que es una canción acerca del correo o algo así.

Saber kanji te da una base de datos que te permite unir palabras y hacer conexiones que serían difíciles de hacer sin ellos. El contexto de la conversación y saber los posibles kanjis ocupados en la palabra, eventualmente te permitirá saber lo que significa una palabra en el momento en el que la escuchas.

Oficina Postal

郵便局

ゆう・びん・きょく

● 24-6. Como se presentan los kanjis

La siguiente clave muestra las secciones de cada nuevo kanji presentado.

cinco cosas	5to día del mes	cinco sentidos	cinco minutos
いつ	いつ か	ご かん	ご ふん
五つ	五日	五感	五分

Clave de Nuevos Kanjis

A Orden de Los Trazos

B Número de Kanji

C Significado en Español

D Conteo de Trazos (画 se lee como かく)

E La Lectura KUN (japonesa)

F La Lectura ON (china)

G Palabras Que Contienen el Kanji

25 Lección 25: Kanji 一二三四五

25 | Nuevos Kanji あたらしい かんじ

Asegúrate de aprender el orden correcto de los trazos, Usar el orden correcto de los trazos significará caracteres más ordenados al escribir rápido. También, toma tiempo para aprender las palabras listadas para cada kanji, estas te ayudaran a memorizar las diferentes lecturas.

	1. uno					1 画
	くんよみ	ひと (つ)				
	おんよみ	イチ、イツ				

una vez	una cosa	enero	unificación
いち　ど	ひと	いち　がつ	とう　いつ
一度	一つ	一月	統一

	2. dos					2 画
	くんよみ	ふた (つ)				
	おんよみ	二				

dos cosas	febrero	2do del mes	2do piso
ふた	に　がつ	ふつ　か	に　かい
二つ	二月	二日	二階

3. tres · 3 画

くんよみ	みっ (つ)
おんよみ	サン

三

triángulo	tercera dimensión	3ro del mes	tres cosas
さんかく	さんじげん	みっか	みっ
三角	三次元	三日	三つ

4. cuatro · 5 画

くんよみ	よっ (つ)
おんよみ	シ、ヨン

四

abril	cuatro	cuadrado	cuatro cosas
よじ	よん	しかく	よっ
四時	四	四角	四つ

5. cinco · 4 画

くんよみ	いつ (つ)
おんよみ	ゴ

五

cinco cosas	5to día del mes	cinco sentidos	cinco minutos
いつ	いつか	ごかん	ごふん
五つ	五日	五感	五分

25 | Puntos de Escritura かくポイント

● **25-1. Números en kanji versus "1, 2, 3..."**

En el japón moderno, los números en kanji no son usados tan frecuentemente como en el pasado. Los números arábigos (1, 2, 3...) son usados más comúnmente. Un factor que probablemente influyo esto, fue la limitación de las primeras computadoras. El japonés escrito emplea muchos más caracteres que el español o el inglés, y en consecuencia, requiere códigos más sofisticados. Debió haber sido más conveniente utilizar números arábigos en computación, y esa práctica probablemente se quedó.

100 yenes	18 años	3 en punto
100 円	18 歳	3 時
百円	十八歳	三時
(ひゃく・えん)	(じゅう・はっ・さい)	(さん・じ)

Aunque hay un lugar para los números en kanji en Japón, no son usados tan frecuentemente. Hoy en día puedes ver números arábigos usados en televisión, relojes, placas de autos, y en cualquier otra cosa que utiliza números, pero debes saber los números en kanji ya que hay muchas palabras y frases que integran estos kanjis en ellas.

Los números en kanji todavía pueden ser encontrados en revistas y periódicos en los que se escribe verticalmente en lugar de horizontalmente.

25 | Palabras Que Puedes Escribir かける ことば

En la sección de "Palabras Que Puedes Escribir" introduciremos palabras que puedes escribir usando los nuevos kanjis de la lección.

Si no has aprendido todos los kanjis en una palabra, usaremos hiragana en lugar de los kanjis desconocidos. Esta es la forma exacta como se hace en los libros de práctica de kanji en Japón. Escribe cada nueva palabra para practicar.

一つ(ひとつ) una cosa

一つ									

一時（いちじ）una en punto

一	じ									

二個（にこ）dos cosas (objetos pequeños / redondos)

二	こ									

二つ（ふたつ）dos cosas (objetos en general)

二	つ									

二日（ふつか）2do día del mes

二	つ									

三つ（みっつ）tres cosas

三	つ									

三日（みっか）tercer día del mes

三	か									

四つ（よっつ）cuatro cosas

四	つ									

四時（よじ）cuatro en punto

四	じ									

四駆（よんく）vehículo de cuatro ruedas

四	く									

五つ (いつつ) cinco cosas

五	つ								

五時 (ごじ) cinco en punto

五	じ								

三月 (さんがつ) marzo

三	が	つ						

四月 (しがつ) abril

四	が	つ						

25 | **Repaso del orden de los trazos 書き順確認**

Selecciona la opción que represente el orden correcto de los trazos de cada kanji.

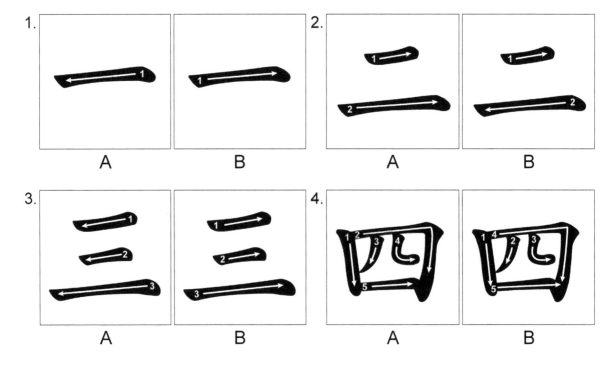

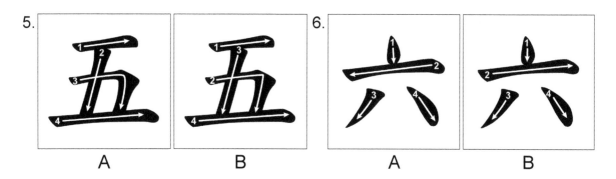

5. A   B   6. A   B

25 | Significado de los Kanjis

Escribe los siguientes kanjis junto a sus significados: 二 六 五 一 四 三

1. _____ tres

2. _____ uno

3. _____ cinco

4. _____ dos

5. _____ seis

6. _____ cuatro

25 | Uso de Kanji ことばの れんしゅう

Escribe el kanji apropiado sobre las líneas en cada oración.

1. あした ___じ___じゅう___ふんに ひろごはんを たべます。
　　　　　 いち　よん　　　 ご

   Mañana comeré almuerzo a la 1:45.

2. かみが ___まいと えんぴつが ___ほん、あります。
　　　　　 さん　　　　　　　　　 に

   Hay tres hojas de papel y dos lápices.

3. ___がつ___かの___じに いきます。
　 に　 みっ　 よ

   Voy a ir el 3 de febrero a las 4 en punto.

4. おとうさんは ___じゅう___さいです。
　　　　　　　　 ご　　　　 いっ

   (mi) Padre tiene 51 años.

5. わたしは まいにち コーラを ＿＿ぽん のみます。
　　　　　　　　　　　　いっ

   Tomo una botella de cola todos los días.

6. にほんに ともだちが ＿＿にん います。
　　　　　　　　　　ご

   Tengo 5 amigos en Japón.

7. たなかさんは ＿＿じ＿＿じゅっぷんごろ とうちゃくします。
　　　　　　　　に　　よん

   Takana san llegará alrededor de las 2:45.

8. こどもたちが ＿＿かくと ＿＿かくを ＿＿つ かきました。
　　　　　　　さん　　　　し　　　　いつ

   Los niños dibujaron 5 triángulos y cuadrados.

25 ▌ Une Los Puntos Kanji

Une los puntos de cada kanji con alguna de sus lecturas ON o KUN.

六・	・よん
二・	・ご
一・	・ひと
四・	・みっ
三・	・むい
五・	・ふた

25 Hoja de Práctica de Kanji れんしゅう

一	一						
一	一						
二	二						
二	二						
三	三						
三	三						
四	四						
四	四						
五	五						
五	五						

25 Clave de Respuestas 答え合わせ

Orden de los trazos (clave)

1. B 2. A 3. B 4. A 5. A 6. B

Significado de los Kanjis (clave)

1. 三 tres
2. 一 uno
3. 五 cinco
4. 二 dos
5. 六 seis
6. 四 cuatro

Uso de Kanji (clave)

1. あした 六じ四じゅう五ふんに おきます。
2. かみが 三まいと えんぴつが二ほん あります。
3. 二がつ三かの四じに いきます。
4. おとうさんは 六じゅう一さいです。
5. まいにち、ビールを一ぽんしか のみません。
6. にほんに ともだちが 五にん います。
7. 二じ四じゅっぷんごろ きます。

Une los puntos (clave)

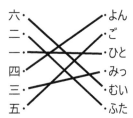

 # Tarjetas de Hiragana

Las siguientes páginas pueden ser recortadas para hacer tarjetas. También puedes cambiar de página para ver si reconoces el hiragana.

(Esta página fue dejada en blanco a propósito)

あ	か	が
い	き	ぎ
う	く	ぐ
え	け	げ
お	こ	ご

ga	ka	a
gi	ki	i
gu	ku	u
ge	ke	e
go	ko	o

さ	ざ	た
し	じ	ち
す	ず	つ
せ	ぜ	て
そ	ぞ	と

ta	za	sa
chi	ji	shi
tsu	zu	su
te	ze	se
to	zo	so

だ	な	は
ぢ	に	ひ
づ	ぬ	ふ
で	ね	へ
ど	の	ほ

ha	na	da
hi	ni	ji
fu	nu	zu
he	ne	de
ho	no	do

ば	ぱ	ま
び	ぴ	み
ぶ	ぷ	む
べ	ぺ	め
ぼ	ぽ	も

ma	pa	ba
mi	pi	bi
mu	pu	bu
me	pe	be
mo	po	bo

や	る	ん
ゆ	れ	きゃ
よ	ろ	きゅ
ら	わ	きょ
り	を	ぎゃ

n	ru	ya
kya	re	yu
kyu	ro	yo
kyo	wa	ra
gya	wo	ri

ぎゅ	じゃ	ちょ
ぎょ	じゅ	にゃ
しゃ	じょ	にゅ
しゅ	ちゃ	にょ
しょ	ちゅ	ひゃ

cho	ja	gyu
nya	ju	gyo
nyu	jo	sha
nyo	cha	shu
hya	chu	sho

ひゅ	ぴゃ	みょ
ひょ	ぴゅ	りゃ
びゃ	ぴょ	りゅ
びゅ	みゃ	りょ
びょ	みゅ	

myo   pya   hyu

rya   pyu   hyo

ryu   pyo   bya

ryo   mya   byu

           myu   byo

Tarjetas de Katakana

Las siguientes páginas pueden ser recortadas para hacer tarjetas. También puedes cambiar de página para ver si reconoces el katakana.

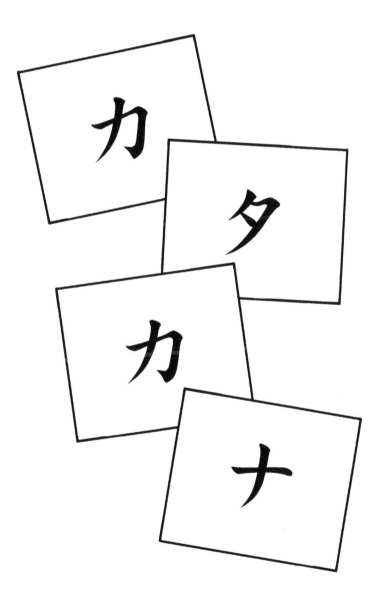

(Esta página fue dejada en blanco a propósito)

ア	カ	ガ
イ	キ	ギ
ウ	ク	グ
エ	ケ	ゲ
オ	コ	ゴ

ga	ka	a
gi	ki	i
gu	ku	u
ge	ke	e
go	ko	o

サ	ザ	タ
シ	ジ	チ
ス	ズ	ツ
セ	ゼ	テ
ソ	ゾ	ト

ta	za	sa
chi	ji	shi
tsu	zu	su
te	ze	se
to	zo	so

ダ	ナ	ハ
ヂ	ニ	ヒ
ヅ	ヌ	フ
デ	ネ	ヘ
ド	ノ	ホ

ha	na	da
hi	ni	ji
fu	nu	zu
he	ne	de
ho	no	do

バ	パ	マ
ビ	ピ	ミ
ブ	プ	ム
ベ	ペ	メ
ボ	ポ	モ

ma	pa	ba
mi	pi	bi
mu	pu	bu
me	pe	be
mo	po	bo

ヤ	ル	ン
ユ	レ	キャ
ヨ	ロ	キュ
ラ	ワ	キョ
リ	ヲ	ギャ

n	ru	ya
kya	re	yu
kyu	ro	yo
kyo	wa	ra
gya	wo	ri

ギュ	ジャ	チョ
ギョ	ジュ	ニャ
シャ	ジョ	ニュ
シュ	チャ	ニョ
ショ	チュ	ヒャ

cho

ja

gyu

nya

ju

gyo

nyu

jo

sha

nyo

cha

shu

hya

chu

sho

ヒュ	ピャ	ミョ
ヒョ	ピョ	リャ
ビャ	ピュ	リュ
ビュ	ミャ	リョ
ビョ	ミュ	一

myo	pya	hyu
rya	pyo	hyo
ryu	pyu	bya
ryo	mya	byu
Esto duplica el sonido del Katakana al que sigue.	myu	byo

ティ	ファ	チェ
ディ	フィ	トゥ
シェ	フェ	ドゥ
ジェ	フォ	
ヴァ	ウェ	

che   fa   ti

tu   fi   di

du   fe   she

fo   je

we   va

Más Libros ¡Desde Cero!

Próximamente

出力日： 2022-05-06

Printed in the USA
CPSIA information can be obtained
at www.ICGtesting.com
LVHW081722260124
770019LV00004B/392